EVOCAÇÃO

ALEIDA MARCH

EVOCAÇÃO

Tradução de
ANDRÉ OLIVEIRA LIMA

EDITORA RECORD
RIO DE JANEIRO • SÃO PAULO

2009

CIP-Brasil. Catalogação-na-fonte
Sindicato Nacional dos Editores de Livros, RJ.

March de la Torre, Aleida
M264e Evocação / Aleida March; [tradução André Oliveira Lima]. – Rio de Janeiro: Record, 2009.

Tradução de: Evocación
ISBN 978-85-01-08431-6

1. Guevara, Ernesto, 1928-1967. 2. Guevara, Ernesto, 1928-1967 – Família. 3. Cônjuges de revolucionários – América Latina – Biografia. 4. Revolucionários – América Latina – Biografia. 5. Cuba – História – 1959-1990. I. Título.

09-0089 CDD – 920.932242
CDU – 929:323.22

Título original em espanhol:
EVOCACIÓN

Direitos exclusivos de publicação em língua portuguesa para o Brasil adquiridos pela
EDITORA RECORD LTDA.
Rua Argentina 171 – Rio de Janeiro, RJ – 20921-380 – Tel.: 2585-2000
que se reserva a propriedade literária desta tradução

Impresso no Brasil

ISBN 978-85-01-08431-6

PEDIDOS PELO REEMBOLSO POSTAL
Caixa Postal 23.052
Rio de Janeiro, RJ – 20922-970

EDITORA AFILIADA

Nossa Aleida

Submersa no silêncio por decênios, nada distante, apenas em outro plano refugiada, Aleida March extraiu da dor a força do resgate, e dedicou vida e tempo, tanto quanto pôde, a semear a memória, empenhada em fazer com que perdurasse aquele sempre presente; mas, desta vez, entregue desde a autenticidade mais funda e mais complexa, de riqueza inesgotável, direi que poliédrica e de unidade alcançada, apesar de irradiar o seu iluminante pensamento em tantas direções e a partir de irredutível eticidade, irredutível e ilimitada.

Semear no esquecimento a memória do mais lúcido modo. É que o esquecimento se esconde em formas várias. O Che recuperado e apenas mito de um ideal que não tem retoques é o esquecimento. O Che que se converte em ícone de liturgia, inspirador de cerimônias, é o esquecimento. O Che de Korda (Korda-poeta) olhando rumo ao futuro entre ingênuos e entre taças é o esquecimento. A esquerda que não luta, de mente embarrigada, não é esquerda (passou a ser... procure-se a rima) e é o esquecimento.

A memória se semeia de outro modo. Semeia-se a partir de textos imortais, avalizados por imortal exemplo. Esse trabalho permitiu que, dessa aliança, em que a ação que se recorda é expressão material do pensamento, dia a dia renasça a esperança em jovens que sabem, saberão, podem, terão de combater sem trégua, sem cansaço, com essa lucidez e aquela coragem. É que a verdade salva potencializa a realidade que a confirma.

Ela soube saber, a nossa Aleida, a de todos nós, revolucionários, saber soube o que salvar, organizar, priorizar e entregar e de que modo e a quem, e como, e o que devia calar e esconder no pudor ou no comedimento, e quando dilacerar a sua pessoa e entregar, entregar tudo. Ela soube que na dor se firmam raízes, como se sangue mártir e, melhor, heróico e, melhor, do universo todo, as nutrissem. E agora, nos entrega neste livro, nos entrega e revela, o Che que nos faltava, o Che da ternura, do amor transcendido. Eternidade de amor, quando a essência na vida vivida se revela, Amor que se transcende na ternura não se converte em abstração, é aquele que do mais purificado trono regressa à pessoa e na pessoa encontra morada. É essa a dimensão a partir da qual uma jovem guerrilheira urbana, que formou o caráter combatendo, atreve-se, tantos anos depois, desde esse cume, o dos anos, a nos entregar. Transcendência do ser, da pessoa, encarnada em cartas, notas, poemas, reflexões, vida plena, dor, plenitude, inibição, transgressão, dilaceramento. Este, o amor vivido em ser humano.

Aleida nos entrega isso em páginas que dizem como uma personalidade vai crescendo, de como se descobre e se desdobra, do encontro que marca para sempre, de como, de dois seres, prolonga-se o projeto em quatro vidas. De como quatro vidas definem um destino. De como uma moça guerrilheira, guerrilheira se torna em outro âmbito. De como no aço pode habitar a fragilidade de um poeta e um poeta, o "Poeta", desencadear furacões.

Conheci o poeta que desata furacões; conheço a moça das firmes tarefas. Ela e Ele, Ele e Ela, nunca cessarão de desencadeá-los. O segredo eles sabem. Que ventura! Para entregar ao leitor a parte mais visível, Aleida teve de arrancá-la daquela intimidade guardada a sete chaves, e foi e é um modo de compartilhar o ser amado (por ela, por nós), de (nos) permitir melhor conhecê-lo. Por isso, Aleida, muito, muito, obrigado.

Alfredo Guevara

Havana, 1º de abril de 2007

Uma tarde, tomei nas minhas mãos um gravador para ir desfiando as recordações que de repente me assaltavam. Quis, mas não pude... Falei sobre isso com a minha amiga e colaboradora María del Carmen Ariet.

Era muita a água que tinha passado sob as minhas pontes. Trabalhava na criação do Centro de Estudos Che Guevara. Ela e eu havíamos arquivado pouco a pouco documentos, fotografias, cartas, poesias e outros objetos pessoais. A partir daí, cada vez com mais força, pensávamos que tínhamos um longo caminho a percorrer até atingir ou quase atingir todas as aspirações que almejávamos, e assim foi como começamos a editar cuidadosamente a obra de Che.

Queríamos que as novas gerações o conhecessem, os jovens se tornassem próximos a ele; não apenas como símbolo, mas também como homem vivo que, desde tenra idade, sonhou e que depois tornou realidade esses sonhos com espírito criativo.

À medida que cresce o Centro, onde não só aspiramos a estudar o seu pensamento, a sua obra, a sua vida, pretendemos trabalhar com a comunidade que nos rodeia para fomentar ali uma das suas qualidades mais importantes, a sua ética, e para que todos conheçam aquilo pelo qual ele lutou: um mundo mais justo.

Há anos, o senhor Cecconi, delicado e persistente, aproximou-se de mim em várias ocasiões; queria que eu aceitasse escrever um roteiro — ele realmente se empenhava em realizar um filme —, mas aquela idéia não me entusiasmou. Entretanto, quase convencida, pensei que, sobretudo, devia isso aos meus filhos e comecei a registrar as minhas recordações. Comecei então a rabiscar os fatos vividos.

Em *Evocação* estão as minhas reminiscências. Não tenho vocação para escritora; verti em preto e branco as minhas recordações mais queridas. Espero que aqueles que leiam as minhas anotações apreciem quanto esforço e renúncia fiz das minhas cartas, minhas poesias, que até agora eu guardava dentro, muito dentro de mim...

Obrigada.

Aleida March

O tempo, o tempo que sempre vai passando,
que pode ser esquecimento do esquecimento,
memória que se esfuma na cinza,
cinza que fica dormitando e que pudesse desfazer,
desfaz, acaso, a mais leve brisa. Essa é a vida;
costuma ser a vida.
Devemos conhecê-la e enfrentá-la. Existo no entanto, ajo
e até escrevo, e de amores me encho.

Alfredo Guevara

I

Quando eu era ainda muito jovem — na minha época de leituras românticas —, li o romance *O anjo sem cabeça*, da austríaca Vicki Baum, que despertou em mim inclinações para conhecer mais a história latino-americana. A tal ponto chegou a minha avidez que procurei entre os meus amigos quem podia me emprestar livros que falassem da Revolução mexicana. Talvez essa reminiscência possa parecer insignificante; o fato é que, ao cabo dos anos, estas recordações juvenis se avivam e acho que, de certa forma, a minha vida se aproxima um pouco da protagonista daquela história. É por isso que, se me pedissem para expressar com uma palavra o que me tolhe ao tratar de me aproximar da minha existência com um olhar pessoal e um tanto íntimo, teria de confessar que poderia ser temor ou "terror".

Nunca me achei com dotes de escritora, talvez porque nessas questões os meus parâmetros sejam muito altos, e sinto estar muito abaixo desses modelos. Não obstante, me dispus a organizar o que pudesse chegar a ser uma breve história de vida, um tanto diferente, porque, mais que contar pormenores da minha própria, serve de pretexto ou desculpa para narrar memórias, as minhas ao lado de Che.

Nessa recapitulação condensada de tempo e espaço, não pretendo ressaltar alguns momentos mais que outros, correria o risco de me equivocar ou me deixar levar por circunstâncias mais pessoais, importantes para mim, com as quais poderia vagar por um caminho distante dos meus propósitos.

Compartilhar vivências pessoais ao lado de um homem que, antes de ser meu companheiro, já possuía qualidades excepcionais — o que considero comumente aceito qualquer que seja o julgamento ou a apreciação — implica um compromisso que, admito, é para mim difícil encarar. Nessas apreciações, as minhas vivências se misturam através de um prisma que se abre para uma visão compartilhada entre dois por vontade própria, e sublinho essa última questão porque sei que às vezes censuram que eu tenha deixado um pouco de lado a minha individualidade para ser mais *nós*. Disso nunca me arrependi.

A história começa com o "meu encontro" com o comandante Ernesto Che Guevara no Escambray. Acontecimentos de extrema gravidade me levaram a esse maciço montanhoso. Ele não era desconhecido para mim. Tinha um incentivo especial: era o meu primeiro contato com os insurgentes que haviam percorrido parte do território nacional, desde a antiga província de Oriente; comandados, ademais, por Che, o argentino que, com merecida fama, era chefe da Coluna 8.

Uma missão me fora encomendada pela direção do Movimento 26 de Julho da antiga província de Las Villas. Assediada e vigiada pelas forças repressivas da ditadura de Fulgencio Batista, obrigada pelos acontecimentos, devia permanecer no Escambray, até que recebesse outra ordem.

Diante do desconhecido, um sem-número de dúvidas me assaltavam quando cheguei. Eu me dedicava a observar o comportamento e a conduta dos rebeldes, que, por sua vez, me olhavam tratando de interpretar as minhas reações, e imagino que se perguntando o que eu tinha vindo fazer. Porque não era estranho pensar, só de me ver, que eu não aparentava ser guerrilheira. Olhando bem, eu podia parecer, diante daqueles olhos que me escrutavam, tudo menos uma combatente.

O afamado "encontro", motivo de fabulação por parte de escritores e jornalistas, nada teve a ver com contos de fadas e príncipes encantados. Mesmo que o Escambray seja um lugar de belas paisagens, propício para o encanto, nós todos que então nos encontrávamos ali não prestávamos atenção a esse dom tão apreciado com que a natureza nos obsequiava em todo o seu esplendor.

Passaram alguns anos até eu conhecer como Che tinha vivido o nosso encontro. Foi por meio de uma carta que recebi do Congo em 1965, cheia de saudades, na qual me revelou o que tinha pensado ao me ver naquele momento e em dias sucessivos; o que tinha experimentado, ao ter que se debater entre o revolucionário disciplinado e o homem com as suas sensações e necessidades, quando viu "uma professorinha loura e gorducha", particularmente na tarde em que apalpou “a marca de um esparadrapo e houve uma luta (um pouco) entre o revolucionário irrepreensível e o outro (o verdadeiro, que perdeu talvez por timidez, embora dourasse a pílula com a imagem de irrepreensível)”.

Mas, antes que ambos pudéssemos nos identificar e expressar os nossos sentimentos, ocorreram acontecimentos impressionantes e uma ou outra incompreensão...

II

A partir daquele encontro, sem mal me dar conta, a minha vida deu um giro sem retorno. Eu me vi envolvida em acontecimentos cruciais, que já fazem parte da nossa história mais recente. Como relâmpagos, eles se refletem uma vez ou outra na minha memória. A dinâmica em que se produziam não dava tempo para longas meditações.

Ocasionalmente afloravam os meus anos de infância no campo, a minha adolescência, as minhas frustrações de juventude — motivadas pelas injustiças que se viviam na Cuba que pretendíamos mudar —, tudo isso se amontoava na minha mente e me fazia estar cada vez mais perto daquele passado...

Ao evocar as circunstâncias que então me rodeavam, as que eu vivia sem experiência prévia alguma, com a sensação de estar diante de momentos únicos, dos quais talvez nunca pudesse chegar a conhecer o seu desenlace, fui me aproximando, de forma inesperada e recorrente, de um reencontro comigo, não tanto pelo temor da morte — que, sem sombra de dúvida, encontrava-se à espreita —, mas, sobretudo, pela necessidade de responder para mim mesma: o que tinha me levado até ali e quão segura eu estava da minha decisão.

Antes da minha chegada ao acampamento guerrilheiro, a minha vida havia sido uma a mais dentro da imensa massa camponesa que tinha que enfrentar com violência anos de desigualdades e opróbrio, pelo mero fato de carecer de recursos suficientes para sair daquela realidade por si só amarga.

Vivia em Los Azules — o nome, segundo minha mãe, devia-se à cor das águas dos seus rios em outro tempo —, uma zona afastada da capital da antiga província de Las Villas, emoldurada no centro de Cuba, de belas paisagens, que nos meus sonhos de então satisfaziam os mais recônditos desejos. Para mim, o mundo era uma pequena laranja, circunscrita ao pequeno terreno que o meu pai trabalhava com tanto zelo e que, apesar da sua entrega e esforços, tão poucos frutos lhe rendia. De certo modo, dava razão para mamãe, que considerava aquela terra o fim do mundo, rodeados como estávamos por todos os lados de tios, maternos e paternos, e de vizinhos pobres, com poucas esperanças de futuro.

Não obstante, eu me lembro nitidamente de como nós, os mais novos, nos divertíamos tomando banho no rio, enquanto os mais velhos se dedicavam aos seus trabalhos habituais. Foram vivências inesquecíveis, que ficaram gravadas para sempre.

Sou a mais nova de cinco irmãos — Lidia, Estela, Octavio e Orlando —, nascida fora de qualquer projeto. Quando vim ao mundo, as minhas irmãs mais velhas já pensavam em namorar: dezesseis anos tinha a primeira, Lidia, e a minha presença inesperada lhe causava alguns rubores — naquela época cheia de afetações e preconceitos —, devido à bem provada fertilidade dos meus pais, já então entrados em anos.

Acredito ter tido uma infância feliz dentro do pequeno mundo construído pelos meus pais, fortes e vigorosos, simples arrendatários de terra, que, apesar das dificuldades e em condições tão desfavoráveis, fizeram todo o possível para ajudar a sua prole.

Meu pai, Juan March, de ascendência catalã, era um típico camponês oriundo da cidade, o que lhe conferia um ar particular. Gostava de ler, tinha um certo nível cultural. Tudo isso, unido a um caráter nobre e equânime, introvertido em excesso, contrastava com a minha mãe, Eudoxia de la Torre, camponesa de pura estirpe, com um caráter ferrenho, decidida e persistente, que contribuiu, sem sombra de dúvida, para que o casal pudesse se levantar repetidas vezes. Ambos erigiram um lar baseado em firmes princípios morais, com as necessidades mínimas satisfeitas e com o carinho que nos professavam, não com mimos e beijos, costume não habitual em camponeses acostumados ao vigor do cotidiano, mas com o apoio e afeto necessários para que pudéssemos nos encaminhar e nos sentir rodeados por um halo protetor — que só a certeza de contar com seres incondicionais, dispostos a tudo para defender o que é seu, produz.

Momentos dolorosos não faltaram. A morte de um dos meus irmãos, Osvaldo, ocorrida antes que eu nascesse, deixou uma enorme dor nos meus pais. Ele sempre esteve presente, pois era costume nas antigas casas do campo reverenciar os falecidos em uma espécie de galeria de imagens e fotos localizada na sala. No nosso caso, ele estava acompanhado por meus avós paternos. Coisas assim ocorriam diariamente, como conseqüência da indolência e apatia de governos inescrupulosos e corruptos, que nunca incluíram nos seus projetos a vontade de oferecer uma vida melhor para os seus cidadãos. E, entre os mais preteridos, estava a gente do campo, que morria por falta de assistência médica, muitas vezes sem saber com exatidão as causas, pela ausência de estradas e transportes públicos, quase inexistentes nas zonas rurais, o que impedia um adequado deslocamento a tempo, para remediar qualquer mal.

Na inocência comum a toda criança do campo, eu me sentia satisfeita, vivia como um pequeno pássaro, sem restrições nem limitações, capaz de desfrutar as paisagens e o entorno na sua fecundidade infinita, concedida a todos por igual. Às escondidas da minha mãe, montava a cavalo, enquanto ela e minhas irmãs lavavam no rio. Junto com os meus primos e primas, nadava no rio, escorregávamos nos deixando cair pelas pequenas elevações até os poços de água, em cima de cascas de palmeira, que vinham a ser os patins das crianças camponesas. Inigualável diversão!

Neste período, foi se formando a minha personalidade e caráter, com traços que persistem e que me marcaram para sempre, mistura da camponesa que fui, ou que talvez continue sendo, com uma forte herança paterna no meu comportamento; tímida, calada, pouco expressiva — do que não me ufano, mas do que tampouco me envergonho —; um pouco chorona ainda hoje — talvez porque, sendo a caçula, tenham me mimado mais — e também inquieta e sonhadora, o que me aproxima da minha mãe, a quem, com o tempo, aprendi a admirar cada vez mais, pela sua fortaleza e espírito empreendedor.

Se eu tivesse que acrescentar algo ou alguém aos que contribuíram para cinzelar os alicerces da minha personalidade, seria a minha professora María Urquijo, assim como a pequena escolinha rural de múltiplos graus de instrução. Por obra e graça da intervenção dos meus pais, a professora se alojava na minha casa durante toda a semana, o que fazia ainda maior o respeito e o amor que cheguei a ter pela escola, apesar da pobreza que se respirava dentro das suas humildes paredes, suprida somente pela disciplina de quem se entregava a uma verdadeira vocação. Esquecida de problemas pessoais, com uma filha doente, mal remunerada, mas sem renunciar à bondade, a professora María nos abria as portas para o conhecimento e, embora com óbvias limitações, depositava em nós a semente necessária para apagar a ignorância e superar a indolência. Quando a minha professora não podia estar presente, era substituída por Úrsula Brito ou Gilda Balledor, professoras suplentes e também excelentes seres humanos.

Claro, nesta retrospectiva da criança que eu fui, não pode faltar alguma imprudência ou travessura. Nunca me esquecerei do dia em que veio à escola um inspetor, com o seu porte elegante e montado a cavalo, a quem convidei, com a minha inocência habitual, para que ficasse na minha casa. Um pouco assombrado, ele me respondeu que não podia, porque não tinha onde dormir. Sem pensar, talvez me achando uma privilegiada, respondi que ele podia dormir na mesma cama em que dormia a minha professora.

É preciso imaginar as caras de todos e, em particular, a de Gilda Balledor, a professora suplente, solteirona aliás, e que, naquele momento, era quem dava as aulas e desfrutava da hospedagem.

Os resultados dos meus estudos não se fizeram esperar: cresceu em mim uma grande admiração por todo aquele que soubesse mais. Cheguei a ser uma aluna aplicada, se bem que calada; com grande interesse por matemática, poesia e tudo o que fosse leitura, que marcam a iniciação no conhecimento de outros mundos e novas metas a alcançar. Apesar de dispor de recursos mínimos, os professores inculcavam um imenso patriotismo e uma ética. Os atos cívicos dos fins de semana, a devoção por José Martí e pelos nossos patriotas das Guerras de Independência, permanecem nas minhas recordações.

Dessa forma simples, ocorreu a minha aproximação ao saber, fornecido pela natureza, pela escola e pelos princípios éticos inculcados também no lar, todos elementos que delinearam a minha personalidade e o meu comportamento. Faltava muito para avançar; quando concluí o primário, o caldo de cultura começava a fertilizar, reforçado surpreendentemente por uma decisão irrevogável da minha mãe: enviar-me à cidade para continuar os estudos.

Confesso que tive então de enfrentar o meu primeiro encontrão com a vida. Aquela menina livre, que pensava que vivia no melhor dos mundos possíveis, ao topar com a imposição, fora de qualquer réplica, de que tinha que abandonar abruptamente a sua casa, encheu-se de sobressaltos. Tentei vencê-los com a cumplicidade do meu pai, mas não pude; sem dúvida, a firmeza de mamãe era mais forte.

Naquele tempo, a família sofrera a sua primeira diáspora: por lógica da vida, as irmãs mais velhas, Lidia e Estela, tinham constituído o seu próprio lar. Ambas residiam na cidade de Santa Clara, razão pela qual, para os meus pais, foi muito mais fácil pensar na possibilidade de nos mandar, ao meu irmão Orlando, seis anos mais velho que eu, e a mim, para as suas respectivas casas a fim de estudar.

Afastada dos meus pais, parecia que eu enfrentaria o pior. A distância me serviu para compreender a necessidade que tinha deles: a tal ponto que, nas ocasiões em que mamãe nos visitava, eu esquecia a mudança tão brusca que tinha experimentado, sentia-me protegida e feliz.

Viver em uma cidade desconhecida e cheia de restrições, ainda que fosse uma capital de província, alterou por completo os meus horizontes; além disso, vivia na casa da minha irmã mais velha, com costumes diferentes e com obrigações que eu não havia tido até o momento. Ela trabalhava e eu tinha que ajudar na limpeza e no cuidado dos meus três sobrinhos; em resumo, um projeto de dona-de-casa sem muita vocação para isso, além de cumprir com os trabalhos da escola.

O maior impacto ocorreu na escola. Eu estava habituada à minha professora María e à sua forma de ensinar; ainda não tinha capacidade para avaliar as limitações do conhecimento que ela havia me transmitido. Enfrentei outra realidade à qual foi difícil me adaptar, e matérias imprevistas, como inglês — língua que eu sentia tão alheia, que nada tinha a ver comigo, e assim, devo confessar, continuou sendo.

Claro que venci o medo, porque, afinal de contas, era uma insignificante tormenta à qual, pouco a pouco e sem perceber, fui me acomodando e também porque, com a ousadia própria da idade, aprendi a conhecer e a valorizar as vantagens da cidade. Comecei o ginásio em meio a uma grande confusão; ao inglês desconhecido se somou a música, sobre a qual eu não tinha nem idéia de que pudesse ser cursada como mais uma matéria.

Não obstante esses primeiros tropeços, que pude de certo modo vencer com a ajuda de María, notei de imediato a qualidade dos professores, que me proporcionaram simpatia e apoio e foram me adentrando em novos conhecimentos. Entretanto, e pelo contrário, as escolas eram ninhos repletos de preconceitos e peias; separadas por sexo, com aparência militar e com um conceito autoritário da disciplina, chegavam ao cúmulo de fechar as janelas para evitar todo contato com os rapazes. Assim estava concebido o chamado ginásio daqueles tempos.

Pouco a pouco, fui ganhando consciência das minhas limitações. Não tinha o hábito de visitar a biblioteca e tampouco sabia procurar novas fontes onde superar as minhas lacunas, como quando me falavam para redigir um texto sobre personalidades, como o escritor e presidente argentino Domingo Faustino Sarmiento, as quais eu supostamente devia conhecer, mas de que nunca tinha ouvido falar.

Assim se sucediam os dias, até que em um deles, por esses acasos da vida, compreendi que nada era definitivo. Minha irmã, a que tinha me oferecido o seu lar, adoeceu e faleceu logo depois. Esta novidade precipitou a decisão dos meus pais de se mudarem para Santa Clara, algo que talvez não tivesse acontecido em outras circunstâncias.

Embora nunca pudéssemos prever que algo assim aconteceria, o fato é que foi a perda da minha irmã Lidia a razão pela qual tivemos a nossa primeira casa na cidade e o motivo do reencontro da família, pois mamãe se encarregou dos meus sobrinhos. Meu irmão Orlando, o mais novo dos homens, também retornou ao lar. A perseverança de mamãe se impôs; guardou a sua dor e convenceu uma vez mais o meu pai a estabelecer um novo lar, agora definitivo. Obviamente as dificuldades econômicas não desapareceram, só que, nesta ocasião, foram mais bem suportadas.

Para mim, sentir o carinho e a proximidade dos meus pais era o complemento de que eu necessitava para enfrentar os meus estudos com maior constância. No meu papel de "irmã mais velha" ou quase mãe dos meus sobrinhos, comparecia na sua escola às reuniões de pais, ajudava nos estudos, até que, contra a nossa vontade, o menino regressou à casa do seu pai, que tinha se casado novamente; uma das gêmeas foi para a casa da minha avó, e ficou sob o nosso cuidado apenas uma das meninas, Miriam.

Ao concluir o ginásio, optei pelo magistério, não porque fosse a opção preferida; na realidade, eu gostava mais de medicina, mas isso estava proibido para mim de antemão diante da escassez dos meus recursos. Magistério era um curso rápido, fazia-se em quatro anos e permitia começar a trabalhar uma vez graduada, ao menos era o que eu achava nessa época.

Eu me apresentei para os exames de ingresso, que eram muito exigentes, atendendo ao alto nível das escolas normais de então. As lacunas da minha formação acadêmica, infelizmente, eram evidentes. Embora em matemática eu tenha tido a melhor pontuação, não pude passar em espanhol por causa da minha precária ortografia, e, apoiada outra vez pela minha professora María, tive que fazer um curso preparatório em uma das escolas que existiam em Santa Clara, a fim de poder me apresentar para os próximos exames.

Enquanto me preparava, decidi me inscrever no Instituto de Segundo Grau, talvez sem levar a sério as dificuldades econômicas que continuaram me acompanhando, porque a escola requeria livros, que era preciso comprar, e, ao terminar os estudos, eu não teria ainda uma profissão ou ofício precisos. Eu começava, na minha curta existência, um novo ciclo, cheia de aspirações e plena de juventude; entregava-me ao estudo sem me permitir falhar, consciente de que, ao menor tropeço, tudo acabaria. Praticava esportes, voleibol, *softbol* — era *pitcher* (arremessadora) da equipe, não tão ruim, valendo-me das habilidades adquiridas nos meus anos no campo —, mas tive de abandoná-lo, porque adoeci e a minha mãe não permitiu que eu continuasse naquele centro de ensino.

Por fim, depois de vencer as provas de praxe, comecei os meus estudos de magistério aos 15 anos e terminei com êxito em 1953, sempre ajudada pelo meu irmão Orlando, a quem devo um apoio permanente que eu sempre agradeci. Um tio paterno teve que assumir os custos da minha graduação. Sentia-me satisfeita por ter terminado os estudos e porque, com o tempo, cheguei a gostar da carreira de magistério e principalmente de dar aulas. Nesse mesmo ano, eu me matriculei em pedagogia na Universidade Central de Las Villas; sob todos os aspectos, uma decisão importante.

Minha vida nesse período, e eu diria que até 1956, centrou-se nos estudos, em praticar esportes e, como únicos entretenimentos, ler romances, sobretudo os de estilo romântico, e ir ao cinema quando se podia ou ao parque, que constituíam algo assim como uma espécie de "passarela" nas cidades do interior. Tive jovens admiradores, mas realmente nunca senti a emoção do amor, ainda que tenha feito uma ou outra coisa ridícula me achando apaixonada por alguém, a quem depois descobria na sua insignificância. Essa era a vida da maioria das jovens de província — em particular, as da minha classe social: muitos romances, sonhos a serem conquistados e muitos príncipes encantados na imaginação.

Em março de 1952, ocorre o golpe de Estado de Fulgencio Batista[1] e com isso o primeiro impacto político da minha vida. Meu lar não se caracterizava por exercer prática política alguma, embora meu pai, como a maioria do povo cubano, primeiro tenha concentrado as suas esperanças no autenticismo (Partido Revolucionário Cubano-Autêntico),[2]

---

[1]Fulgencio Batista y Zaldívar (1901-1973). Tomou parte no golpe militar de 4 de setembro de 1933, como sargento estenógrafo. Convertido em instrumento da direita, subordinada ao governo dos Estados Unidos, derruba em 1934 o governo de Grau-Guiteras e se erige no poder real de Cuba até 1944. Em 10 de março de 1952, dá um novo golpe de Estado e implanta uma sangrenta tirania. Foge de Cuba, com seus cúmplices, nas primeiras horas do dia 1° de janeiro de 1959.

[2]O Partido Autêntico se organizou depois da revolução frustrada de 1933, quando alguns elementos revolucionários, de características díspares, começaram a unir forças para conquistar o poder pelas vias eleitorais. Governou pela primeira vez durante o período de 1944 a 1948 com Ramón Grau San Martín, a sua principal figura, com um saldo negativo que se traduziu em amplas frustrações populares ao não cumprir os seus compromissos essenciais. A esse período de mandato, é sucedido por Carlos Prío Socarrás, que assume, em 1948, a presidência, caracterizada por um desempenho medíocre e corrupto, o que fez declinar cada vez mais o apego da população ao autenticismo. Essa conjuntura política é aproveitada pelo ex-presidente Fulgencio Batista, que encabeça o golpe de Estado de 10 de março de 1952.

especialmente naquele que se converteu em um fraudulento notável, Ramón Grau San Martín, e depois no Partido do Povo Cubano-Ortodoxo, no discurso de Eduardo Chibás e no seu lema "Vergonha contra dinheiro".[3]

Naquele fatídico 10 de março, recordo o estupor de todos e os maus presságios que se auguravam com a nefasta presença de Batista no poder, a certeza de uma maior corrupção e o entreguismo aos norte-americanos. Por simples curiosidade, ao sair da Escola Normal, que naquela época se encontrava na rua Luis Estévez, sem perceber movimento algum, me dirigi ao Instituto de Segundo Grau, próximo à minha casa, para ver o que estava acontecendo e dei com um silêncio quase absoluto. Ao passar pelo Instituto, embora não perseguisse nenhum propósito, sabia que ali, junto com a Escola de Comércio, era o único centro de ensino de onde se poderia esperar alguma manifestação contrária ao golpe de Batista na capital da República.

No ano de 1953, esboçou-se com maior nitidez o preâmbulo do meu despertar político, à medida que eu ficava sabendo do assalto, em 26 de julho, ao quartel Moncada, em Santiago de Cuba, e das notícias comovedoras que iam che-

---

[3]O Partido Ortodoxo surge como conseqüência da inoperância e demagogia do Partido Revolucionário Cubano-Autêntico, ocorrendo uma cisão pela sua ala esquerda, que se denominava "autênticos ortodoxos", os quais, dirigidos por Eduardo Chibás, em 1947 decidem se opor ao continuísmo presidencial de Grau, fundando o novo partido, denominado Partido do Povo Cubano-Ortodoxo, com o propósito de desenvolver um movimento político nacional apoiado principalmente na pequena burguesia nativa. Seus objetivos contaram com a anuência da maioria do povo, por considerá-lo genuíno e representativo dos seus interesses e anseios. Seu lema "Vergonha contra dinheiro" penetrou no âmago da nação. Como nota relevante, Fidel Castro Ruz militou nas suas fileiras, dentro da ala mais radical.

gando sobre o acontecimento. Irrompeu na vida dos cubanos o nome de Fidel Castro, que alguns conheciam pela sua participação nas lutas estudantis na Universidade de Havana e pela sua posterior vinculação ao Partido Ortodoxo, mas que, para muitos, era uma figura desconhecida.

No sentir de todo o povo reinava um ceticismo muito grande diante de tanta politicagem e promessas vazias. Não obstante, quando eu soube do acontecido, senti a necessidade de buscar informações e saber mais de Fidel, daquele homem que fazia reviver com tanta clareza e visão política as idéias de José Martí, às quais me sentia tão próxima e que haviam marcado, com tanta precisão, o caminho que tínhamos de seguir todos nós que conhecíamos, por experiência própria, as injustiças e desigualdades reinantes.

Passado o entusiasmo com a minha graduação, eu mesma sofri o impacto do que significava não aceitar as regras do jogo imperantes no regime para conseguir uma vaga de professora. Além disso, onde estavam as escolas? Era eu a primeira que sabia perfeitamente que, em todas as periferias, não existia mais que alguma escolinha de várias séries.

Transcorreu um tempo ainda para chegar ao verdadeiro despertar da minha consciência política, mas, de modo paulatino, fui encontrando o caminho. E o salto ocorreu no contexto da minha vida universitária. Ainda sem o título de professora nas minhas mãos, me matriculei em pedagogia, naquela recém-criada Universidade Central de Las Villas, que dava os seus primeiros passos, depois de ter estado fechada como conseqüência do golpe de Estado de Batista, e que tratava de conquistar um espaço no mundo elitista das reduzidas universidades do país (a Universidade de Havana e a também recém-fundada Universidade de Oriente, em Santiago de Cuba, com muito poucas especialidades, como a Universidade Central). Foi nobre o empenho do seu corpo docente, que tratou de se situar à altura dos seus congêneres, e é justo destacar isso.

Eu vivia em uma permanente corrida contra o tempo, conseguindo a matrícula gratuita que outorgavam aos alunos de melhor rendimento, vencendo carências e falhas culturais da minha formação acadêmica, aquelas que eu inexoravelmente arrastava, ampliando os meus horizontes e inquietudes à medida que adentravam novos conhecimentos. Matérias como psicologia me enchiam de prazer, e eu dedicava um maior espaço para leituras de conteúdo e profundidade, embora tampouco renunciasse àqueles simplórios e românticos romances, aos quais me aferrava quase como um sonho impossível.

Na universidade, encontrei amizades nobres, algumas vinculadas à Igreja presbiteriana. Tempos atrás, havia decidido praticar essa religião, porque estava mais próxima ao meu mundo e se afigurava distinta da religião católica, principalmente no que diz respeito à falsidade da sua Igreja, com tanta pompa e hipocrisia, feita à imagem e semelhança dos poderosos. Parecia-me que o meu agnosticismo podia encontrar respostas nesta doutrina, que permitia maior liberdade de pensamento e que se comportava mais de acordo com os tempos, além de contar no conjunto dos seus membros com uma composição social mais próxima às minhas aspirações e interesses. Dessa etapa, ainda conservo dois grandes amigos: Sergio Arce e Orestes González, ministro e pastor presbiterianos, que, com infinita bondade e compreensão, ofereciam amor a todos nós.

Dessa forma, transcorreram outros três anos, nos quais o estudo continuou sendo o centro da minha atenção, sempre em uma permanente corda bamba, pois a sorte não tinha me concedido nenhum bem-estar econômico. Continuava buscando vagas de professora, escassas ou inexistentes para quem não entregava em troca o seu corpo e a sua honra. O máximo a que se podia aspirar era um trabalho pouco remunerado em uma ou outra escola particular ou dando aulas particulares.

Enquanto isso, o ambiente político ia esquentando cada vez mais, crescia a insatisfação e, em igual medida, a repressão. Chegavam rumores da saída de Fidel do presídio Modelo da ilha de Pinos, da existência do Movimento 26 de Julho, dos seus primeiros passos organizativos. Falava-se da chegada de Fidel ao México e das suas declarações, nas quais se comprometia a retornar para fazer Cuba verdadeiramente livre.

O ano de 1956 foi decisivo para mim. Li e estudei com paixão as páginas de *A história me absolverá*, a alegação de defesa de Fidel no julgamento que o condenou pelas ações do quartel Moncada, e senti que nesse documento se expressavam todos os meus ideais e a rota a seguir para conquistar a plena dignidade pátria.

O ambiente da universidade se tornava tenso, a tal ponto que, no ano seguinte, foi fechada mais uma vez, junto com as restantes. Claro, o descontentamento se generalizava por toda a nação e, embora a Universidade de Las Villas não tivesse a tradição de luta da de Havana, os seus estudantes repudiavam a ditadura e começavam a se organizar para responder com ações à repressão instaurada. Era um processo natural, que fazia parte da nossa história nacional.

Eu então já tinha cursado, em apenas três anos, os quatro de pedagogia, porque a universidade, depois do primeiro fechamento em conseqüência do golpe de Estado de 1952, não deu férias para poder cumprir com o tempo estabelecido.

Numa tarde de setembro, conheci, na frente da minha casa, Faustino Pérez, que era presbiteriano como eu. Homem nobre, de uma bondade à flor da pele, me inspirou tal confiança que, apesar da minha timidez, lhe pedi sem muitas explicações para ingressar no Movimento 26 de Julho. Faustino, que nesses dias regressava do México, não hesitou diante do meu oferecimento. As coisas eram simples assim.

Sabia de Faustino graças às minhas amigas presbiterianas, Esther e Gladys González. A primeira era minha companheira da Escola Normal de professores, e Gladys, da universidade. Estudávamos juntas e elas compartilhavam comigo os seus livros, além de, no seu lar, ter encontrado sempre o calor e o amor da sua família.

Tudo conspirava à minha volta. Margot Machado, proprietária da escola na qual eu trabalhava durante as manhãs, porque à tarde freqüentava a universidade, era uma ativa militante do Movimento 26 de Julho e com ela, posteriormente, realizei um sem-número de tarefas como combatente clandestina do movimento, que era o nome que recebiam aqueles que lutavam na cidade.

Dessa forma simples, eu me incorporei à luta. Um outro mundo surgia diante de mim — sempre destaco isso como o meu verdadeiro nascimento —, e eu me entreguei a ele com total dedicação e sacrifício, conseqüentemente com o meu ser, com os meus princípios e anseios. Foi, talvez, por que não, uma das etapas mais felizes da minha vida. Surgiu assim a combatente...

III

É difícil explicar por que eu me sentia "combatente". Essa palavra expressava, em síntese, o que nós, aqueles dispostos a mudar o estado das coisas, sentíamos, baseando-nos na extrema confiança e na fé que depositávamos sem reservas em Fidel e na disposição que tínhamos de lutar para apagar, de uma vez por todas, a infâmia e a degradação moral que nos tinham afundado naquela caricatura de República, que tanto custou ao povo de Cuba.

Nem dúvidas nem temores passaram pela minha mente quando, por instruções de Faustino, me dirigi à farmácia próxima à ponte San Pedro, na estrada central, para ver Santiago Riera — então coordenador do movimento na província — e informá-lo da minha incorporação às incipientes fileiras do 26 de Julho. Iniciei-me na luta antes do desembarque do iate *Granma*, que ocorreu em 2 de dezembro de 1956 e trouxe de volta às terras cubanas Fidel e os seus intrépidos seguidores do exílio no México.[4]

Embora não houvesse muita informação de como ou quando iam se desenrolar os acontecimentos, a direção do 26 de Julho na província tomou algumas medidas para apoiar a ação. Enquanto Santiago Riera ia para Santiago de Cuba a fim de se reunir com Frank País e conhecer os detalhes, nós, um grupo de mulheres na casa de Margot Machado, nos preparávamos para ajudar os combatentes nos primeiros socorros, caso ocorresse algum enfrentamento ou necessitassem de nós para outras funções.

A espera foi angustiante, pois começavam a chegar notícias sobre os acontecimentos em Santiago de Cuba. Em 30 de novembro,[5] naquela cidade do oriente da ilha, os jovens

---

[4]Fidel Castro, depois da sua soltura em maio de 1955, motivado pelo assalto ao quartel Moncada em 26 de julho de 1953, com o objetivo de derrubar a ditadura de Batista, translada-se ao México para dali organizar a guerra que acabaria com o regime, convocando para a luta com a promessa de ser livres ou mártires no ano de 1956.

[5]Em 25 de novembro, a força expedicionária composta por 82 combatentes sai do porto de Tuxpan no iate *Granma*. Para desviar a atenção das forças da tirania de Batista, instrui-se Frank País, encarregado da direção do Movimento 26 de Julho e organizador das células de ação clandestinas na província de Oriente, para trabalhar por um levante geral no dia 30 de novembro, data provável do desembarque, que previa como fato principal o assalto às delegacias da Polícia Nacional e Marítima, em Santiago de Cuba, com o objetivo de se apoderar das armas e, na medida do possível, da cidade, além de pontos importantes de Oriente, para impedir desta forma a concentração das forças opressoras em uma só direção. Apesar de os resultados obtidos não terem culminado com o cumprimento bem-sucedido do plano, foi um episódio de arrojo e coragem, quando, pela primeira vez, o povo viu os combatentes com o glorioso uniforme verde-oliva. Enquanto isso, uma vez no golfo do México, a expedição do *Granma* esteve submetida, durante a travessia, a uma série de acontecimentos que impediram completar o plano de desembarque na data prevista, conseguindo isso no dia 2 de dezembro de 1956, perto da praia de Las Coloradas.

organizados por Frank País se lançaram ao combate para apoiar o desembarque e desviar a atenção das tropas da ditadura de Batista. Nossos companheiros da direção provincial, Santiago Riera e Guillermo Rodríguez — que antes havia pertencido, junto com Armando Hart, ao Movimento Nacional Revolucionário, encabeçado pelo professor Rafael García Bárcena —, tinham viajado para coordenar as ações do nosso grupo em Santa Clara, mas só conseguiram chegar até Camagüey e retornaram sem que pudéssemos localizá-los para saber o que devíamos fazer.

Afinal de contas, nada se chegou a fazer em Santa Clara. Não havia instruções precisas de como apoiar o desembarque, embora do México houvesse chegado um comunicado dirigido a Haydée Leal, similar ao recebido pelos companheiros de Oriente. Por mais que existisse uma estrutura nacional do movimento, faltava muito para que se conseguisse harmonizar e unir a nova força combatente, que carecia excessivamente — e nisto me incluo então — da necessária formação sociopolítica para enfrentar a luta em uma escala superior, como a situação requeria.

Nesses primeiros tempos, a casa de Haydée Leal foi o centro de reuniões dos companheiros da direção do 26 de Julho na província e onde se contava ademais com o apoio da sua mãe, Luisa Díaz. É necessário enfatizar isso, porque não apenas os jovens estavam dispostos a se entregar à luta, mas também muitas mães compreenderam que a elas correspondia ocupar o seu espaço nesse esforço combinado.

Dessa maneira, chegou o dia 2 de dezembro e com ele a permanente aflição diante das notícias que eram divulgadas.

Ninguém desconhecia as mentiras e falsidades que as rádios e a imprensa escrita a serviço do regime transmitiam constantemente; no entanto, em função da carência de informações legítimas, as dúvidas em conseqüência da notícia da morte de Fidel nos enchiam de frustração e amargura. Até que Faustino, outra vez, em uma visita-relâmpago a Santa Clara, nos narrou o desembarque do *Granma* perto de Las Coloradas e o combate em Alegría de Pío,[6] que provocou a dispersão dos expedicionários, e nos garantiu que o chefe do movimento continuava vivo e em pé de guerra.

Quanto a mim, ainda não sabia que em breve me esperaria uma primeira tentativa de batismo de fogo. O tempo não pôde apagar o meu assombro quando me comunicaram que eu devia ir conhecer uma personalidade na casa da combatente e amiga Dolores Rosell (Lolita). Era, para a minha surpresa, Gino Done, um expedicionário do *Granma*, que conseguiu sair do cerco inimigo e se encontrava na cidade para participar de algumas ações de sabotagem; pelo menos, isso foi o que me informaram.

Gino era um italiano, ex-combatente da Segunda Guerra Mundial, que, como marinheiro, havia realizado várias viagens a Cuba — tendo inclusive trabalhado como construtor em Havana e em outros lugares da ilha —, o que tinha lhe facilitado chegar a Santa Clara sem grandes dificuldades. A

[6]Os expedicionários recebem o seu batismo de fogo no dia 5 de dezembro de 1956 em Alegría de Pío, onde foram surpreendidos e atacados pelas forças de terra e ar da tirania. Depois da surpresa, as forças expedicionárias se dispersam em vários grupos, embora todos tivessem a orientação de se reunir na serra Maestra. Após múltiplas vicissitudes e com a ajuda dos camponeses da região, conseguem se reunir na região de Cinco Palmas, sob o comando de Fidel.

ação que Gino vinha executar antes de 15 de janeiro, comigo de acompanhante — acredite-se ou não —, era arremessar durante a noite uma granada contra a árvore de Natal que enfeitava o pátio da sede do governo provincial. O objetivo da operação era divulgar a existência da insurreição também no centro do país.

Então já estavam criados os pequenos grupos de ação e sabotagem, aqueles que durante o transcurso da luta escreveram páginas cheias de arrojo e coragem. Um dos seus principais passos foi o corte de energia para apoiar o lançamento da granada ao central Palácio de Governo de Santa Clara.

No que se refere aos nossos preparativos — só o fato de relembrá-los me envergonha, embora naqueles momentos me sentisse orgulhosa de que tivessem me selecionado para realizar tão arriscada missão —, eu devia passar à tarde pela casa de Lolita para buscar a granada, que levei em uma de suas bolsas. Durante a espera, fui até a minha casa e pus a bolsa em cima do armário; sem ter a mínima noção de como devia ser usado um artefato como aquele, com grande irresponsabilidade da minha parte, pus a minha família em risco de um contratempo de previsíveis conseqüências.

À noite, como era costume caminhar pelo parque Vidal do centro da cidade, ninguém na minha casa se opôs ao meu passeio. Eu me encontrei com Gino e, armados com a granada na bolsa sob o braço, nos encaminhamos rumo ao edifício do governo no momento em que a eletricidade era cortada. Quando nos preparávamos para executar "o plano", a luz foi restabelecida e tivemos que nos retirar, sem poder fazer nada; eu de volta à casa da minha amiga Lolita, para lhe entregar a granada e retornar triste e frustrada à minha casa. Foi, sem vontade de exagerar o fato, a minha pequena Alegría de Pío.

A comparação, embora em muito pequena escala, deve-se a que, em Alegría de Pío, lugar que pertence a um município da antiga província de Oriente, Fidel e o resto dos expedicionários do *Granma* foram surpreendidos por soldados do exército, em 5 de dezembro de 1956. Esses acontecimentos são descritos com exatidão por Che em *Passagens da guerra revolucionária*, ao narrar que, depois de caminhar horas intermináveis por mangues e de sofrer inumeráveis calamidades, quando alguns sobreviventes se encontravam totalmente extenuados e muitos tinham perdido parte dos seus equipamentos, tiveram que enfrentar um combate desigual, no qual ele mesmo foi ferido. Ocorreu a primeira ação combativa do que depois seria o Exército Rebelde, seu "batismo de fogo", como Che o qualificava, embora não tenha culminado em vitória.

Ainda que não fôssemos totalmente conscientes, as tarefas que nos incumbiam, apesar dos nossos desejos, muitas vezes punham em perigo a vida das nossas famílias. Hoje relembro com certo espanto como tive que mentir para poder sair de casa, vencendo os obstáculos que por lógica se apresentavam para mim, somados à incompreensão dos meus pais, que não admitiam que uma mulher jovem se arriscasse e pusesse a sua moral em dúvida, principalmente nos primeiros tempos, em que não sabiam com exatidão o que eu estava fazendo.

Às vezes, os companheiros se arriscavam para ir até a minha casa a fim de deixar qualquer recado que, por sua urgência, eu devia receber pessoalmente. Minha pequena sobrinha, Miriam, sempre curiosa, notava a visita. E, por mais que a minha mãe lhe advertisse que não devia me avisar, ela dava voltas ao meu redor, como uma borboleta em torno das flores, até que me sussurrava com rapidez: vieram te ver!

Eu sempre saía com o pretexto de que tinha que estudar, ou por motivo de trabalho, sem dificuldade alguma, porque nesse tempo os meus pais não podiam nem imaginar os perigos que podíamos atravessar, inclusive eles. As forças repressivas não tinham limites, aplicaram as mais cruéis torturas e instauraram práticas sanguinárias que seriam seguidas anos depois na América Latina; acho que contamos com o imerecido lugar de sermos os primeiros.

Isto torna compreensível a razão pela qual os meus pais, intuitivamente, confabulavam para me proibir as saídas. Na realidade, embora jovem, eu tinha idade suficiente para decidir sobre os meus atos; não queria ferir ninguém, mas sempre deixei claro o meu lugar e a minha decisão. Sei que me apoiaram no que puderam, sobretudo no final; a minha mãe inclusive me acompanhou em uma ou outra ocasião, quando era muito tarde ou intuía um perigo real. É claro, à medida que o tempo passava, eles se acostumavam e me poupavam explicações, para não mentir desnecessariamente, porque no princípio eu sempre dava como pretexto que ia estudar na casa das minhas companheiras, as González. Até que um belo dia eu não regressei, mas bom... aqueles foram outros tempos.

Tínhamos de continuar e nos aperfeiçoar. Coube-me executar um sem-fim de tarefas: nós, mulheres, éramos poucas e muito úteis para despistar o inimigo, que cada dia se tornava mais cruel e despótico. Sob as ordens de Margot Machado, visitei, sozinha ou acompanhada por ela, lugares-chave da província. Também trabalhei com Allán Rosell, coordenador provincial, e com Osvaldo Rodríguez, chefe de ação e sabotagem, os quais desempenhavam essas responsabilidades no ano de 1957, porque, na realidade, sempre atuei sob as ordens diretas da direção provincial. Nesse ano, trabalhei ademais com Julio Camacho Aguilera e com Raúl Peroso, alguém muito especial e por quem fiquei sabendo das atividades de Vilma Espín — aquela que, junto com Frank País e outros companheiros, ocupava cargos de direção em Oriente.

Nesse lutar, conheci todos os dirigentes municipais do movimento e depois os chefes regionais, que então eram cinco. Sem dúvida, o conhecimento que eu ia adquirindo e a segurança nos contatos estabelecidos fizeram com que me utilizassem com maior freqüência e eu pudesse conhecer, avaliar e participar dos preparativos e planos que a direção provincial executava, e, ao mesmo tempo, dominar o trabalho que todas as frentes realizavam.

Também me coube assistir a David Salvador, encarregado das relações com o setor operário. Recebi ordens de levá-lo à casa da sogra de Guillermito Rodríguez para passar a noite e também a Cienfuegos, onde estabeleceu contatos com membros do 26 de Julho e do Diretório Revolucionário. Além disso, nos meus trajetos habituais, eu visitava os municípios de Cienfuegos, Sagua, Placetas e Sancti Spíritus, passando por Cabaiguán, e algumas vezes tinha de ir a Cruces, Remedios ou chegar até Yaguajay, com o objetivo de reforçar as tarefas que as frentes e setores deviam realizar, ampliar o trabalho de propaganda e entregar vales.*

No geral, existia uma crescente atividade em toda a província, o que levava a pensar em ações maiores. Eram os preparativos para o 5 de setembro, data proposta para o levante em Cienfuegos.

Em meio a tanta agitação, ocorreu a morte de um dos filhos de Margot Machado, Julio Pino Machado, e de um dos seus companheiros de luta, Chiqui Gómez Lubián, em maio de 1957; algo doloroso e inesquecível, porque foi um horrível acidente, como conseqüência da incorreta manipulação de um explosivo, a causa de duas vidas jovens e destemidas se perderem. Eu me inteirei do ocorrido quando retornava de uma missão em Sagua. Imediatamente me dirigi à funerária. No enterro, Margot, com extraordinário domínio e firmeza, pronunciou as palavras de despedida do cortejo, comovendo a todos.

Apesar do ocorrido, os preparativos continuaram. Por essa época, Margot me enviou a Cienfuegos para trazer um fuzil M-1, mas algo me alertou do perigo e, quando cheguei a Cruces, no ônibus La Ranchuelera, parei na casa de María, uma espírita da qual me valia para simular a razão da minha visita a esse município. Era um temor real diante da tortura

---

*Estes vales eram entregues em troca de uma quantidade de dinheiro, que engrossava as finanças do movimento revolucionário. (N. do T.)

que sabíamos implacável e cruel, mas, sobretudo, medo do tiopental, essa injeção da qual se serviam e que fazia delatar planos e companheiros, com o conseguinte dano irreparável de vidas e projetos, e a destruição moral do combatente.

Cheguei a Cruces no domingo de manhã. Depois de tomar as devidas precauções com a minha visita à casa da espírita, fui ver Enriquito Cañer, chefe de ação e sabotagem da região, que vivia em um engenho de açúcar próximo, e ele decidiu fazer comigo a viagem a Cienfuegos para pegar a arma e me levar no seu carro até Santa Clara.

Regressamos e nos dirigimos à casa de Lolita, onde se encontravam Emilio Aragonés, Osvaldo Rodríguez e Allán Rosell, coordenador do 26 de Julho em Las Villas, além de outros companheiros. Sem tomar muitas precauções, entregamos a arma. Margot queria "morrer" devido à nossa imprudência. Desse modo, que poderia se qualificar de feliz irresponsabilidade, cumprimos a tarefa. É claro que, passados os anos, a própria Margot, quando relembra algumas passagens da luta, recorda esse momento e se culpa por ter me enviado, dada a magnitude do perigo. No entanto, considero que ela fez a coisa certa, era o seu dever porque todos nós éramos combatentes da luta clandestina e não poderiam existir diferenças. Acho que essa entrega e coragem era o que mais distinguia os combatentes da cidade.

Na realidade, os preparativos para o 5 de setembro passaram por três etapas organizativas em toda a província. Em um desses momentos, devido a uma traição, capturaram 35 combatentes do 26 de Julho que se encontravam aquartelados em uma casa de Cienfuegos, à espera da ordem de combate. Apesar das selvagens torturas, nenhum delatou o plano do levante e foi possível continuar com os preparativos.

A insurreição do 5 de setembro não conseguiu alcançar os objetivos previstos por razões organizativas e logísticas, entre outras, o que freou sem dúvida a execução de importantes ações na região de Cienfuegos, que antes do levante tinha se transformado em um baluarte da província. Ali nunca mais foi possível pensar em realizar tarefas de envergadura como aquela. Na prática, era preciso começar de novo a organizar quadros e estratégias que permitissem continuar a luta na região.

Foi um episódio de ousadia e profusão de coragem, no qual participaram combatentes dispostos a enfrentar um inimigo superior em armamentos, mas não em vergonha e dignidade. Os insurgentes se retiraram apenas quando resistir teria sido, mais que um ato de heroísmo, um suicídio.

Só restava recomeçar, sem se deixar abater; avançar por novos caminhos. A direção nacional do movimento decidiu reforçar a província. Julio Camacho Aguilera havia sido nomeado coordenador do 26 de Julho na região, principalmente para organizar os preparativos do 5 de setembro, e partido depois do fracasso do levante. Incorporaram-se ao grupo Octavio Luis Cabrera, na sua condição de dirigente operário, e Raúl Peroso, como chefe de ação e sabotagem da província. Muitos companheiros da direção foram enviados para o exílio, para outras províncias ou caíram prisioneiros, o que provocou instabilidade — um dos defeitos que nós, combatentes da província, tivemos de enfrentar.

Enquanto isso, recebeu-se de Havana uma ordem de Faustino para entrarmos em contato com Lázaro Artola, sublevado com uns quarenta homens em uma zona da serra do Escambray. Acompanhei Guillermito Rodríguez nessa empresa, com o propósito de determinar se existiam condições para preparar um levante do movimento nessa região. Por fim, Faustino e outros companheiros decidiram o contrário; um erro que causou mais de um problema, além de muita incompreensão por parte de membros do 26 de Julho, que estavam dispostos a se sublevar e a estender a luta guerrilheira numa zona que reunia condições vantajosas e que mais tarde contou com a presença de outras forças rebeldes. Abrir uma frente guerrilheira na zona central era uma reclamação bastante lógica, já que ficava difícil para muitos se incorporar à luta na serra Maestra e esta poderia ser uma contribuição crucial para a derrubada da ditadura. Claro que muitas dessas contradições se deviam à falta de unidade. Ainda não se contava com uma direção nacional única, que só foi instaurada depois da greve de 9 de abril de 1958.

Não obstante essas contradições, eu sentia cada vez mais que a minha vida passava por um momento de extraordinária felicidade e, pela primeira vez, graças à minha progressiva participação, experimentava a sensação de que fazia parte de acontecimentos cruciais. Eu me sentia orgulhosa do papel que nós, mulheres, estávamos desempenhando na luta. Soube do selvagem assassinato de Lidia Doce e Clodomira Acosta, leais combatentes e mensageiras intrépidas de Fidel e de Che na serra Maestra. Seu exemplo chegou a me impressionar tanto que, passados os anos, relatava a história destas companheiras ainda com paixão. Che me confessou que tinha escrito o retrato delas, publicado nos primeiros meses do triunfo revolucionário, pensando na veemência com a qual eu o tinha narrado para ele, e também pela minha participação na luta. Lidia foi uma companheira que trabalhou sob as ordens de Che na serra Maestra com uma devoção exemplar e se uniu a Clodomira para cumprir missões arriscadas; numa das quais encontraram a morte, como conseqüência de uma vil delação. Em *Passagens da guerra revolucionária*, ele lhes dedicou um tributo: "venho para deixar em homenagem estas palavras de recordação, como uma modesta flor, diante da tumba multitudinária que abriu os seus milhares de bocas na nossa ilha outrora alegre."

Só me ficou uma mágoa quando eu soube por Margot Machado que Haydée Santamaría havia estado em sua casa e não pude conhecê-la então, talvez porque tenham sido tomadas medidas extremas para a sua proteção. Ao triunfar a revolução, pude comentar com Haydée o desapontamento que me causou não poder encontrá-la naquela oportunidade. Ela foi um exemplo a seguir, uma das minhas maiores venerações; mulher que sempre admirei e que depois continuou me surpreendendo devido à sua coragem e fina sensibilidade.

O ano de 1958, em toda Cuba, foi de febril atividade e Las Villas não ficou atrás. Desde o princípio, promoveram-se ações de vital importância: umas orientadas pela direção nacional do movimento e outras decididas pelos dirigentes da província, as quais, somadas aos grandes avanços das tropas rebeldes e às ações em todo o país, punham em xeque a ditadura.

No mês de fevereiro, já tínhamos um novo coordenador, Enrique Oltuski, de cuja apresentação para o resto dos dirigentes eu tive que me encarregar. Começam a se formar as frentes guerrilheiras do 26 de Julho, que tinham como antecedente a criada na região de Quemado de Güines por Víctor Bordón, que eu conheci pessoalmente depois, por intermédio de alguns membros da direção.

Participei na constituição de quase todas estas frentes, com o objetivo prático de determinar as necessidades em víveres, armas e roupas e de apoiar com o que estivesse ao nosso alcance. Recordo ter visitado, antes ou depois da greve de 9 de abril, Mongo Pérez e o seu grupo em San Diego, e Julio Chaviano em Santo Domingo ou em La Esperanza. Chaviano e a sua família em Manacas eu já conhecia de outras épocas.

Conseguia-se dar, deste modo, a resposta necessária e o relativo equilíbrio que se precisava dentro das forças guerrilheiras localizadas na cordilheira do Escambray. Por essa época, já tinham se assentado na região a II Frente do Escambray e o Diretório Revolucionário. Em Jobo Rosado, Yaguajay, estava o grupo organizado por membros do Partido Socialista Popular (PSP), dirigidos por Regino Machado, aos quais se integraram órgãos do autenticismo e do 26 de Julho, de maneira que a direção do movimento fornecia os víveres.

Em uníssono, começavam a ser dados os primeiros passos para organizar a greve de 9 de abril, orientada pela direção nacional do movimento em todo o país. Nos primeiros momentos, coube a mim levar aos dirigentes municipais a ordem de mobilização. Nem todos se mostraram receptivos; reação compreensível se analisarmos em retrospectiva as dificuldades e os erros de concepção, que depois puderam ser avaliados com total clareza, ao lado de atos heróicos, como os de Sagua la Grande. Não aconteceu do mesmo modo em Cienfuegos, onde os combatentes, marcados pela malograda experiência do levante de 5 de setembro, negavam-se a participar caso não lhes entregassem armas suficientes. Os fatos, tristemente, deram razão para eles: as armas oferecidas a partir de Santa Clara chegaram tarde e quase não foram usadas nas ações da cidade.

O exemplo mais lamentável foi o dos combatentes de Sagua, que tiveram de se retirar em meio ao bombardeio indiscriminado da aviação inimiga e à barbárie desencadeada pela repressão, o que custou inumeráveis vidas; jovens massacrados de modo selvagem na dispersão.

Foi um golpe tremendo, que abalou os alicerces da organização do país, a partir do qual se tomaram medidas enérgicas. O comando da direção nacional foi assumido, da serra Maestra, por Fidel, como comandante-em-chefe de todas as forças, incluídas as milícias e as diferentes secretarias do movimento, com o que se consolidou o seu prestígio e autoridade.

Durante a análise das causas do fracasso da greve de 9 de abril, puseram-se em evidência as marcadas diferenças nas concepções táticas e estratégicas, e no modo de desenvolver a luta contra a ditadura, entre a serra e a planície, polêmica que se mantinha latente em todas as decisões que eram tomadas, mas que recrudesceu diante das falhas de uma coordenação geral bem estruturada, mas que não foi capaz de mobilizar, a partir das cidades, todo o país. Muitos foram os quadros valiosos que se perderam, entre eles Marcelo Salado, chefe de ação e sabotagem, e outros que estiveram dispostos a dar as suas vidas para alcançar o triunfo.

Dou fé, como combatente da luta clandestina, de que as nossas forças contavam com valiosos companheiros, abnegados e audaciosos; de que o enfrentamento na cidade se desenvolvia em condições muito difíceis, pois não se sabia com certeza quem podia ser delator; e de que o inimigo era impiedosamente cruel, sem lhe importar sexo, idade nem classe social. Não acho que as comparações beneficiem alguém. Tenho certeza, dada a minha experiência como guerrilheira, que ambas as modalidades de luta são necessárias, cada uma com as suas especificidades, e de igual importância, independentemente dos erros cometidos em uma ou outra.

Depois da greve de 9 de abril, foi preciso reorganizar as forças. Alguns combatentes haviam partido, outros se escondiam. Eu — imediatamente depois, seguindo orientações da direção provincial — me refugiei durante oito dias no Hospital do Professor, até que as águas se aquietaram.

Recomeçava então uma febril atividade, ao enfrentarmos um inimigo cada vez mais exaltado; até a violência era exercida sem trégua, e eu a experimentei na minha própria família logo depois da greve de 9 de abril: um primo meu, Laureano Anoceto March, e o seu filho, Eduardo Anoceto Rega, foram torturados e assassinados.

Continuei nas minhas funções de articulação provincial, trabalho que realizei com Diego Paneque, membro da direção provincial encarregado de ação e sabotagem. Cada vez que recapitulo o ocorrido, me enche de perplexidade e, ao mesmo tempo, de dor comprovar que, nesses vai-e-vens da luta, foi preciso compartilhar espaços fundamentais com companheiros tidos até então como irmãos e que depois, com o transcurso dos acontecimentos, foram sendo desvelados. Esse é o caso de Diego, que eu considerava um homem valente e leal, que muitas vezes demonstrou coragem e que, no entanto, ao triunfar a revolução, não soube estar à altura das circunstâncias e desertou.

Seguíamos com os contatos entre os grupos guerrilheiros estabelecidos em Corralillo, Santo Domingo, San Diego, La Esperanza, Yaguajay. Recordo que em maio ou junho visitei a guerrilha localizada em San Diego, onde tive de enfrentar uma situação desconhecida para mim até esse momento: o bombardeio de um pequeno avião que tratava de nos massacrar. Tive de me esconder debaixo de uma mutamba e experimentar assim o meu genuíno batismo de fogo, sem falar do medo que senti! Regressamos por La Esperanza com as devidas precauções até chegar a Santa Clara.

No curso da ofensiva das tropas rebeldes, realizei também algumas viagens. Recordo os tanques de guerra da tirania que se dirigiam à antiga província de Oriente; nós viajávamos em um carro que transportava vales e algumas armas. Fui a Matanzas, a Camagüey e, pela primeira vez, a Havana. Guardo poucas vivências dessa viagem, porque os tempos não estavam mais que para se concentrar nas tarefas atribuídas. Era assim, na verdade, como todos nós atuávamos, cheios de entrega e fervor no que fazíamos.

Todo o povo se preparava para acabar de uma vez por todas com a ditadura, que diariamente era cruel com o melhor dos seus filhos: os jovens. Repudiavam-se as eleições arranjadas que se propunha realizar em 3 de novembro. A ofensiva revolucionária das montanhas, apoiada pelas forças das cidades, a planície, tornava imbatível o avanço rumo ao triunfo.

À influência do Exército Rebelde na serra Maestra seguiu-se a decisão de Fidel de ordenar a invasão do oriente ao ocidente, e repetir assim a façanha das tropas antiespanholas nas guerras de independência. Para esta arriscada missão, valeu-se do comandante Camilo Cienfuegos, encarregado de estender o combate até Pinar del Río, e do comandante Ernesto Che Guevara, a quem competiria agrupar as forças do 26 de Julho que se encontravam lutando nas montanhas do Escambray e conseguir a unidade com os outros grupos guerrilheiros estabelecidos pelo Diretório, a II Frente do Escambray, a Organização Autêntica e o PSP em Yaguajay. Ao se constituir uma frente única, Che poderia avançar, tomar as principais cidades e, por fim, apoderar-se de Santa Clara, com o objetivo de cortar as comunicações e as provisões das tropas inimigas com o oriente do país.

Primeiro chegou Camilo até as proximidades de Yaguajay, onde entrou em contato com as forças guerrilheiras formadas pelo PSP e o 26 de Julho. Ao receber a notícia da sua chegada, Diego e eu nos deslocamos para o acampamento. Este foi o meu primeiro encontro com o lendário comandante. Comemos com Camilo e Sergio del Valle — médico da Coluna e seu ajudante — em um ambiente muito agradável e discutimos como eles podiam se deslocar para a zona sul, por Aguada. Em outra ocasião, fui em companhia de Serafín Ruiz de Zárate para estabelecer os vínculos necessários e o apoio correspondente; ficamos em uma casa onde Camilo dormia e me coube uma cama próxima à dele. Nunca esquecerei os seus pesadelos: parecia que continuava lutando com o inimigo. Simplesmente, foi impossível pegar no sono.

Antes da chegada dos comandantes Camilo e Che, a situação dos pequenos grupos de guerrilheiros era extremamente difícil. Nunca visitei Bordón em Quemados; no entanto, depois da greve de 9 de abril, recebi a ordem de deslocá-lo para Cienfuegos. Sua permanência na região se tornava insustentável depois de ter realizado a emboscada ao filho do coronel Pedraza — famoso capanga da tirania do SIM (Serviço de Inteligência Militar), um dos órgãos mais repressivos do regime — e a sua execução.

Apanhei Bordón perto do engenho Washington, em uns canaviais situados entre Sagua e Quemados. Quando o encontramos, recordo que Bordón me mostrou a pistola de Pedraza, que havia tirado do filho. A arma em questão tinha uma dedicatória, embora pareça inacreditável, do ditador Trujillo, déspota da República Dominicana. Não permiti que ele a levasse, devido aos perigos do trajeto, e, sem armas, empreendemos a viagem rumo a Cienfuegos.

Ali o deixei em uma clínica, aos cuidados de Digna Sires, uma valiosa companheira do movimento nessa cidade. Mais tarde, Ruiz de Zárate e Osvaldo Dorticós foram os encarregados de facilitar o deslocamento de Bordón para as montanhas.

Cumpri várias destas missões ao longo do ano, e em meio a uma situação de risco extremo. Eu já estava fichada nos corpos repressivos do inimigo, e inclusive haviam revistado a minha casa em várias circunstâncias, situações das quais saí ilesa por pura casualidade, por ineficiência dos policiais, ou talvez por ambas as coisas. A verdade é que os meus dias na luta clandestina estavam contados.

Uma dessas últimas tarefas ocorreu depois das eleições fraudulentas de novembro, quando recebi a ordem de subir ao Escambray por Sancti Spíritus, com o propósito de entregar dinheiro da direção para ajudar a guerrilha e também deslocar o doutor Rodríguez de la Vega, médico que devia sair de Havana, onde se encontrava trabalhando com parte do exército que apoiava o 26 de Julho. Conosco subiram nessa ocasião Marta Lugioyo, Serafín Ruiz de Zárate e a doutora Graciela Piñera como acompanhante, para receber algumas orientações, os novos contatos e as ordens sobre as ações que deviam ser realizadas.

Esta missão, embora importante, não deixava de ser mais uma das muitas que me coube realizar. Sabia que desta vez ia conhecer Che Guevara. Che tinha chegado aos contrafortes do Escambray no mês de outubro, à frente da Coluna 8 Ciro Redondo — chamada assim em homenagem ao destacado combatente do assalto ao quartel Moncada, morto em combate na serra Maestra —, que ele tinha comandado no trajeto da invasão, desde os já distantes dias da serra Maestra.

É necessário esclarecer estes detalhes, porque, quando me dão a ordem de subir ao Escambray para me reunir com Che, o motor impulsionador que me movia era o de cumprir a tarefa encomendada e me encontrar pela primeira vez com aquele a quem devia me subordinar, ou seja, o meu comandante. Por isso, eu me sentia mais uma combatente, que cumpria uma determinada ordem, como sempre nesses anos de luta, e não tinha nenhuma expectativa fora dessas funções.

De Ernesto Che Guevara eu conhecia a lenda que tinha se estendido por todo o país; das suas façanhas se falava quase diariamente pela clandestina Rádio Rebelde. Os órgãos da repressão da tirania o catalogavam de comunista, e chegaram inclusive a encher as principais ruas de Santa Clara com fotos suas e de Camilo, com a indicação de que eram procurados para serem julgados. Aliás, a foto de Che se "afastava" da realidade, como depois pude comprovar.

A viagem de subida ao Escambray foi incômoda, porque eu não podia dizer a ninguém que levava dinheiro, para prevenir um roubo ou algo do gênero. Eu mantinha o dinheiro grudado ao torso com esparadrapos, o que tornava mais difícil, já ao anoitecer, a caminhada até Gavilanes, que era o primeiro acampamento organizado por Che em território libertado de Las Villas.

Ao chegar, encontrei-me com o doutor Vicente de la O, médico responsável por atender os feridos, e pernoitei no pequeno hospital de guerra, ainda sem poder tirar os esparadrapos que mantinha no corpo, pois continuava com o temor de que alguém me assaltasse. Ao levantarmos pela manhã, fomos a cavalo para El Pedrero, outro posto da Coluna do comandante Guevara.

Ao anoitecer, nos dirigimos ao lugar onde se encontrava o comandante guerrilheiro. Começou o meu primeiro encontro com as tropas do admirado Exército Rebelde. Fomos atendidos por Oscar Fernández Mell — médico da Coluna, que seguia Che desde a serra Maestra —, Alberto Castellanos, Harry Villegas e outros, todos tratando de ver as novas caras, sobretudo a minha, uma das poucas mulheres, demasiadamente jovem, que tinha se acercado a eles; os mais ousados inclusive se atreviam a perguntar se eu era a namorada de algum dos recém-chegados.

Oscarito encarregou-se de nos apresentar. Como era de esperar, o comandante atendeu primeiro Rodríguez de la Vega e depois Ruiz de Zárate, que já tinha estado no Escambray e, ao ver que a sua especialidade em pele não era necessária ali, decidiu regressar para o seu trabalho na luta clandestina, embora em outra cidade. Finalmente chegou a minha vez. Eu me encontrava ao lado de Marta Lugioyo, advogada e membro do movimento, que conhecia Che de uma viagem anterior. Depois das apresentações e à parte, Marta me perguntou o que eu tinha achado. Sem vacilar, respondi que não me parecia mal e que o mais interessante era o seu olhar; na verdade, o seu modo de olhar. Eu o via como um homem mais velho. Em compensação, Marta me disse que ele tinha umas mãos muito bonitas, coisa que eu não percebi nesses momentos, mas que depois pude comprovar. Éramos, enfim, duas mulheres diante de um homem muito atraente.

Quando tive a possibilidade de me dirigir a ele, informei que viera com uma encomenda que devia lhe entregar. Ainda estava mortificada de esparadrapos, e foi a primeira coisa que lhe disse para que me libertasse do castigo. Foi o começo do primeiro encontro...

IV

A primeira coisa que fiz ao me encontrar com Che foi informá-lo do porquê da minha presença no acampamento, e assim me libertar o quanto antes dos esparadrapos que atavam o dinheiro ao meu corpo. Ele deu logo a ordem de que me ajudassem, e senti como ao redor surgiam muitos voluntários com desejo de fazer isso. Coube a Oscar Fernández Mell a benévola tarefa, além de me medicar. No entanto, os meus sufocos não acabavam aí, porque, ao montar a cavalo, a minha calça também tinha se rasgado e eu estava me cobrindo, a qualquer custo, de todos aqueles olhos escrutadores que tratavam de buscar algum resquício onde pousar os seus olhares. Foi também Oscarito quem me entregou uma agulha para eu costurar a calça e poder me apresentar diante do comandante, a quem imediatamente entreguei os cinqüenta mil pesos que levava.

À noite, me indicaram onde ia dormir: uma rede, que, graças a todo o cansaço acumulado, senti próxima à glória;

não obstante, e talvez por tudo o que ocorrera, não pude pegar no sono. Ouvi vozes que vinham do refeitório e, curiosa e indisciplinada, me levantei e vi Che falando com um companheiro. Mais tarde soube que era Sidroc Ramos, incorporado já às fileiras da Coluna. Aquela imagem de Sidroc nunca se apagou da minha mente; me pareceu um "russo branco" — tamanha ignorância política a minha, a qual também contribuiu para "corroborar" o que se dizia da filiação comunista de Che. É justo afirmar que, nessa época, nós, os que careciam de uma correta formação política, éramos a maioria e os preconceitos contra o comunismo estavam presentes em quase todos, e, claro, eu não era exceção.

Fiquei no acampamento três ou quatro dias esperando como sair. Percorria os lugares, sempre seguida por um ou outro combatente, que indagava constantemente sobre a minha pessoa para poder se aproximar com maior liberdade. As impressões que guardo desses primeiros contatos com a tropa rebelde são muito agradáveis. Sem planejar, comecei a travar amizade com companheiros que permaneceram ao meu lado, nos bons e nos maus momentos, durante todos esses anos indeléveis. Um deles, Rogelio Acevedo, é hoje general, e, ao vê-lo naquela primeira ocasião, me pareceu uma garota por causa da sua cabeleira loura e despenteada, movida pelo vento; recordo que lhe fiz uma trança. Também conheci então o Vaquerito (Roberto Rodríguez), muito simpático e valente, e que tinha sempre uma anedota na ponta da língua para nos fazer rir; Harry Villegas, por quem sempre tive um profundo carinho; e tantos outros, convertidos em heróis ou mártires das nossas lutas.

Tive a sensação de me encontrar um pouco insegura, talvez porque já estivesse há muito tempo nessas lidas da clandestinidade e tinha desenvolvido um faro ou sexto sentido para detectar qualquer indício ou sinal. E efetivamente tinha razão; embora eu já fosse uma combatente calejada, no ambiente da montanha não era mais que uma insignificante peça que tinha vindo para cumprir uma ordem. Permanecer na cidade era claramente desaconselhável e essa era uma das razões pelas quais tinham me enviado ao Escambray. Tratava-se agora de buscar um espaço como soldado — ao menos estas eram as minhas aspirações — e para isso eu devia me plantar diante de Che e discutir o meu futuro.

Eu o vi à noite e começamos a conversar. De uma forma precisa, ele me propôs que podia ficar como enfermeira no acampamento — ele sempre buscava para os recém-chegados uma tarefa específica; não admitia gente vagando e muito menos uma mulher, que podia gerar vontades incontroláveis dentro da tropa. Fui muito concisa na minha solicitação e lhe expliquei que os meus dois anos de atividade clandestina, segundo eu entendia, me davam direito a ser mais uma guerrilheira.

Não admitiu as minhas queixas e decidiu, talvez como uma espécie de trégua, o meu regresso para cumprir várias missões de vital importância naquele momento, como a cobrança dos impostos açucareiros. Sem mais, retornei ao povoado próximo, Placetas, onde me esperava o vice-coordenador do movimento.

Ali me indicaram que eu devia regressar ao acampamento guerrilheiro, porque tinha sido emitida uma ordem de prisão contra mim e sob nenhuma circunstância se podia correr o risco de que me prendessem, pois eu, nas minhas funções de articulação com todos os municípios da província, possuía informações extremamente sensíveis e muito úteis para o inimigo. Essa era, com total certeza, a razão principal da minha subida ao Escambray.

Em Placetas, estive por volta de dez dias, esperando alguma resposta e a pessoa que me levaria de volta ao acampamento para me reunir uma vez mais com Che. Não preciso dizer que me encontrava muito impaciente, não apenas porque pernoitava em casas desconhecidas para mim, mas sobretudo porque estava ansiosa por participar com os meus antigos companheiros da luta que já se vislumbrava.

Tempos depois, Che me explicou que achava que a direção do movimento de Las Villas, formada na sua maioria por gente de direita, tinha me enviado para vigiar os seus movimentos e ações dada a sua fama de comunista. Daí a sua resistência a que eu ficasse no acampamento, desconhecedor como era das verdadeiras razões que me mantinham fora da cidade.

Depois da tomada de Fomento, em 18 de dezembro voltei à serra. Encontrei-me com Bordón, que me entregou uma pistola. Esse gesto simbolizava o reencontro e, ao mesmo tempo, a vontade de prosseguir a luta contra o inimigo. Recordo também que alguém me mandou buscar alguma roupa na minha maleta. Foi então quando tropecei com Fernández Mell e Alberto Castellanos, os quais tentei persuadir para que apoiassem a minha decisão de ficar, esperando certa cumplicidade. Todos estavam de acordo, menos Che.

Mais tarde, ele chegou e deu para Olo Pantoja a ordem de me levar a El Pedrero. Claro que subi descontentíssima e me sentei na entrada de uma das casas do lugar, que depois soube que se chamava Manaquitas. Logo se aproximou de mim Ernestina Mazón, enfermeira que, junto a um grupo de técnicos, médicos e outros enfermeiros, tinha subido ao Escambray nos dias de outubro. Todos pertenciam ao 26 de Julho na cidade de Santa Clara. Meu desgosto foi de tal magnitude que nessa noite nem me deitei para dormir. Todo mundo tratou de me buscar ocupação, o que eu recusei categoricamente. Para piorar as coisas, um companheiro que tinha subido a serra comigo me confessou o seu interesse por mim, o que tornou a minha situação mais difícil. Queria desaparecer de todas aquelas paragens, embora sempre tenha contado com o apoio de companheiros, como a minha amiga Ernestina, que sabiam que eu tinha o direito adquirido de ser mais um combatente da tropa.

Constituído o governo provisório do 26 de Julho em Fomento, Che retornou durante a madrugada — assim me pareceu, porque não tinha nem relógio — para El Pedrero. Foi a partir desse momento que começou a nossa história em comum.

Eu estava sentada com a minha maleta de viagem no momento em que Che passou e me convidou para acompanhá-lo, dizendo "vamos dar uns tirinhos comigo". Sem hesitar, concordei e subi no jipe para, literalmente, não descer nunca mais. Talvez a expressão possa parecer exagerada ou um tanto pretensiosa, mas os próprios acontecimentos se encarregarão de confirmá-la. Em todo caso, não tivemos tempo de parar para pensar o que a minha presença permanente poderia desencadear.

Che ia dirigindo. Sentei-me no meio e instintivamente me grudei a ele, buscando a sua proteção, porque, até esse momento, eu o continuava vendo como alguém muito mais velho que me livraria das pretensões de qualquer companheiro.

Razões não me faltavam. Basta um exemplo: na parte traseira do jipe, iam Harry Villegas, Alberto Castellanos e Jesús Parra — os mesmos rostos que se vêem em todas as fotos e com os quais sempre me identificam. Um deles me tocou nas costas, de brincadeira, e eu reagi com violência, de maneira que nunca mais tentaram outro contato similar.

Depois, não houve tempo para pensar o que esse inesperado convite poderia significar no plano pessoal. Em mim, só se encontrava presente a ânsia de contribuir para o desenlace de uma causa que eu já sabia ganha de antemão. Momentos difíceis, indeléveis e outros, muitos, dolorosos, mas sempre acompanhados de otimismo e confiança no futuro. Apesar de tudo isso, como me sentia feliz nesses momentos! Não importava o que tinha de enfrentar; estava, simplesmente, realizada.

V

Os dias foram então passando. A campanha que os aspirantes a guerrilheiros, como era o meu caso, e os experientes deviam enfrentar foi transcorrendo de forma vertiginosa, de maneira que não podíamos pensar, a maioria das vezes, na sua envergadura. Só uma coisa ia ficando clara para mim: a "fama" pela qual Che era conhecido se diluía, para dar lugar à admiração e ao respeito. Ele possuía uma inteligência e um dom de comando que punha à prova de forma permanente e dos quais emanava uma segurança e confiança que fazia com que a tropa se sentisse respaldada a todo o momento, por mais difícil que pudesse parecer.

Era alguém que enfrentava um inimigo superior em homens e em munições, mas carente de moral para vencer um grupo de rebeldes. Além do seu arrojo, os guerrilheiros contavam com a condução de um comandante com extraordinária capacidade tático-estratégica, convertido em um exemplo permanente que irradiava para os demais.

Os acontecimentos se sucediam de forma tumultuada e isso impedia qualquer reflexão para além da guerra em si. Nós nos convertíamos em uma máquina disposta ao combate como único objetivo, com a vantagem de sermos conduzidos por um homem que sabia apagar qualquer dúvida, com sua segurança e apoio inquebrantáveis. Crescia assim a minha admiração, a qual com o tempo foi se revelando, independentemente das relações afetivas que, sem dúvida, começaram a surgir desde esse tempo.

Na estratégia organizada por Che, à conquista de Fomento seguia-se a de Cabaiguán. Para lá nos dirigimos e, antes de chegar, de uma chácara próxima convertida em uma espécie de primeiro acampamento, estabeleceu-se comunicação para conhecer as circunstâncias.

Por cerca de duas horas, continuamos a marcha para adentrar o povoado, onde não havia soldados visíveis. Nós nos instalamos em uma fábrica de charutos localizada na entrada, e ali se estabeleceram o posto de comando e as comunicações por rádio, com o objetivo de agrupar as tropas em situações de combate.

Apesar do que estava ocorrendo ao nosso redor, Che tentava me mostrar algo dos seus sentimentos e fazia isso com a poesia — depois soube que a poesia representava para ele uma das formas mais belas de se expressar.

Estava parada na porta e nesse instante Che me recitou um poema, que claro eu não reconheci. Foi algo assim como para que reparasse nele, porque nesse momento eu estava conversando com os rapazes. Imagino, na verdade, que desejava que eu notasse a sua presença; não a do comandante, mas sim a do homem.

* * *

Mais tarde, entramos no povoado. Eu o conhecia bem e podia indagar sobre o ambiente reinante. Já ia conquistando o meu espaço e se compreendia a utilidade da minha presença. Aproveitei para ir à casa de umas amigas e tomei banho. Claro que não faltou naquela ocasião a mesma pergunta que Marta tinha me feito no acampamento: o que eu tinha achado de Che? Dei a elas uma resposta similar: um homem mais velho, muito sério e de muita autoridade. Ainda me encontrava sob o impacto do primeiro encontro e respondi o que na verdade sentia. É preciso levar em consideração que eu tinha apenas pouco mais de vinte anos e, nessa fase, uma pessoa tende a julgar como velhos aqueles que ultrapassam essa idade; além disso, Che, pela sua aparência, parecia um homem mais velho do que na realidade era. Claro, assim eu pensava com o prisma da juventude, porque sem dúvida há muito tempo que os meus parâmetros são mais realistas.

Quando regressei ao posto de comando, e para a minha surpresa, o vi com o braço esquerdo engessado: durante a tomada do quartel, fraturou-o ao saltar pela açotéia. Dei-lhe um lenço de gaze negro que eu tinha na maleta, para ele atar o braço com uma tipóia. O lenço — que com o tempo se converteria em uma espécie de símbolo para nós dois em outras contendas — foi evocado por Che em uma de suas páginas mais impactantes e estremecedoras. Combatendo no

Congo, escreveu, com o seu estilo irônico e sutil, o relato "La piedra", no qual o considerou uma de suas coisas imprescindíveis: "ela me deu o lenço para que, caso me ferissem em um braço, fosse uma tipóia, uma laçada amorosa." Mas, para que estes sentimentos aflorassem, sucedeu-se um sem-fim de acontecimentos.

Passado o susto devido ao seu ferimento, a minha primeira reação foi de censura, por ele não ter me esperado, pois eu conhecia muito bem Cabaiguán e com certeza o teria conduzido por um caminho melhor. Sem avaliar a magnitude de risco da minha determinação, me propus não voltar a sair do seu lado sob nenhuma circunstância, para resguardá-lo. Fiz assim sempre, pensando em preservá-lo e protegê-lo — eu estava confiante, talvez, em que conseguiria isso com a minha presença.

Os combates continuaram. Che, à frente daquela pequena tropa inicial, silenciou um dos franco-atiradores que o exército tinha postado para nos repelir e que já nos tinha causado uma baixa. O inimigo se rendeu e Cabaiguán foi libertada no dia 23 de dezembro, ao mesmo tempo que se tomou Guayos.

Depois começou a tomada de Placetas. Imediatamente nos deslocamos para lá. Primeiro nos situamos em uma mercearia do mesmo povoado, entre uns sacos, porque um monomotor bombardeava a cidade. Passamos para uma casa próxima aos elevados, onde Che conversou com Rolando Cubelas e Juan Abrahantes, combatentes do Diretório que se encontravam nos arredores. Mais tarde, apesar do respeito que eu tinha por ele e da possível reprimenda pela minha ousadia, me atrevi a indagar sobre aquela reunião. Respondeu-me que tinha se comprometido a lhes entregar um terço das armas, com o objetivo de conservar a unidade.

Percebi então que a sua resposta havia sido uma mostra da confiança que tínhamos alcançado. Começou dessa forma uma empatia que foi nos aproximando com cumplicidade, sem que eu me desse conta da sua verdadeira dimensão. Surgiu com a espontaneidade que só as coisas inteiramente verdadeiras podem propiciar.

Posteriormente nos dirigimos para o hotel Las Tullerías, onde Che empreendeu de modo febril a preparação das condições para o que depois constituiu uma das suas ações mais temerárias: a batalha de Santa Clara. Ele me deu instruções para copiar as senhas que era preciso enviar ao capitão Sinecio Torres, que se encontrava em Manicaragua. Foi nesse momento que comecei a exercer a minha primeira função ao seu lado: fui uma espécie de secretária pessoal, o que implicou que quase não tivesse que combater, embora o acompanhasse sempre.

Partimos para Remedios de jipe; eu, no meio, como tinha se tornado costume. As ordens eram terminantes: queimar a prefeitura, porque as forças da tirania não queriam se render. Este acontecimento talvez não tivesse para Che o mesmo significado que para os cubanos; para nós, nos recordava o heróico incêndio de Bayamo, em 1868, no início das nossas lutas libertárias — o povo de Bayamo preferiu destruir a sua cidade a entregá-la nas mãos do colonialismo espanhol —, o que avivou mais o anseio de uma plena independência.

O quartel se rendeu e nos aproximamos por trás. Em um jardim, sentado em um banco, encontrava-se um soldado rebelde, todo suado e com o medo refletido no rosto. Quando Che lhe perguntou por que se encontrava ali, ele respondeu que tinha perdido a sua arma. Imediatamente lhe ordenou continuar a luta e conseguir uma arma de novo. A ordem me pareceu dura demais, mas também tive que levar em conta que eram os meus primeiros passos na guerra.

Esse rapaz seria recordado por Che anos mais tarde em um dos relatos mais comovedores de *Passagens da guerra revolucionária* — "A ofensiva final. A batalha de Santa Clara": quando, já no calor da tomada da cidade, voltou a encontrá-lo mortalmente ferido, estava orgulhoso de ter obtido uma arma para combater. Nesse escrito, uma homenagem a todos os combatentes mortos nas ações, reflete-se a luta entre o comandante — rigoroso, inflexível caso se queira, em circunstâncias tão graves como a que narra — e o ser pleno de humanismo, talvez se autocensurando pela dureza do momento, consciente de que devia ser assim, embora lamentando o ocorrido:

> Recordo um episódio que era demonstrativo do espírito da nossa força nesses dias. Eu tinha repreendido um soldado por estar dormindo em pleno combate e ele me respondeu que o tinham desarmado por ter deixado escapar um tiro. Respondi com a minha secura habitual: "Mereça outro fuzil indo desarmado para a frente de batalha... se for capaz de fazer isso." Em Santa Clara, alentando os feridos no Hospital de Sangue, um moribundo me tocou a mão e disse:

> "Lembra, comandante? O senhor me mandou buscar a arma em Remedios... e mereço a arma agora?" Era o combatente do tiro escapado, que minutos depois morria, e se mostrava contente de ter demonstrado a sua coragem. É assim o nosso Exército Rebelde.

Existe uma foto, desses dias tumultuosos, que reproduz o momento em que estou mostrando para Che um sabão, com tudo o que isso simbolizava. Naquelas circunstâncias, os guerrilheiros não tinham tempo para dormir, nem para comer, e muito menos para se limpar. Claro que ele não percebeu a indireta, dada a iminência da saída rumo a Caibarién, que simultaneamente tinha sido atacada em algumas horas da noite do dia 25 de dezembro. Na realidade, vivíamos dias nos quais pensar em algo que não fosse combater era inútil; cansaço, fome, sono se manifestaram sempre como nossos constantes acompanhantes até o final. Assim estava escrito.

Ao entrarmos em Caibarién, nos encontramos com o Vaquerito, que dirigia "o pelotão suicida" da tropa. Imediatamente ele informou Che de que tinha cercado a rua. Che o repreendeu por ter feito isso e lhe ordenou que desmontasse a barricada. Então ocorreu outra das minhas afortunadas "intromissões": à parte, eu lhe disse que ele assim o tinha ordenado, talvez meio dormindo. Para o meu assombro, em um tom tranqüilo, me disse que sim, que eu tinha razão.

Cheguei a pensar que aí Che tinha começado a me conhecer verdadeiramente e, sobretudo, a valorizar algo que considerava uma das minhas melhores qualidades: dizer sempre o que pensava, apesar de saber que me repreenderiam por isso. Ao menos por esse lado, ele tinha uma companhia que, embora distasse muito de ser Sancho Pança em sagacidade e sabedoria, lhe era leal e constante.

A tomada de Caibarién diferia das outras, devido à sua proximidade do mar e à presença, diante do forte, de uma fragata que era preciso neutralizar. Até o quartel se render, a sua tripulação não se entregou. Pensei que o enfrentamento seria mais longo, embora, por sorte, não tenha sucedido assim, e nisso teve muito a ver o papel tão destacado do Vaquerito e do seu "pelotão suicida", que esbanjaram coragem e decisão.

Retornamos a Placetas, ao hotel Las Tullerías, que era o nosso posto de comando na cidade. Então ocorreu o primeiro contato com Antonio Núñez Jiménez, geógrafo, professor universitário e homem de esquerda que pertencia ao PSP e que colaborava com o Movimento 26 de Julho. Sua presença ali devia-se ao fato de Che, nos preparativos para organizar os combates para a tomada de Santa Clara, ter solicitado uma pessoa com conhecimentos de cartografia para poder estabelecer o caminho mais adequado para tomar a cidade. A partir das propostas avaliadas, tomou-se a decisão de entrar por La Vallita, lugar situado entre Santa Clara e Placetas, e evitar a estrada central, obstruída pela destruição da ponte Falcón, em uma ação executada por rebeldes da Coluna 8, sob as ordens de Che, nos primeiros dias de dezembro, com o objetivo de impedir o avanço inimigo por essa rota. Nesta ocasião, a vanguarda da tropa foi dirigida pelo capitão Manuel Hernández, combatente que anos depois acompanharia Che na campanha da Bolívia, com o nome de Miguel.

Sobre a explosão da ponte Falcón, espalhou-se, em forma de brincadeira, uma anedota: Che, ao se inteirar da ação, aproximou-se da ponte, que não tinha terminado de cair, deu um pontapé e imediatamente ela caiu. Isso bastou para que, em atitude de gozação, os combatentes dissessem que Che a tinha derrubado com um chute. Aliás, há uma foto onde Che está contemplando a ponte destruída.

Recordo que em 26 de dezembro Che e eu retornamos a Cabaiguán bastante extenuados. Estávamos há oito dias praticamente sem comer nem dormir. Tomamos uma *malta*,* que creio ter sido o primeiro alimento sério desses dias, tanto que até hoje, apesar do tempo transcorrido, ainda não a esqueci. Partimos para nos encontrar com Ramiro Valdés, a quem Che deu várias instruções, uma delas referente à imediata transferência de comando da cidade para a autoridade civil conduzida pelo 26 de Julho. Estavam ali Allán Rosell, que tinha sido coordenador do Movimento na província no ano de 1957, e alguns combatentes da Coluna, entre eles San Luis (Eliseo Reyes) e Olo Pantoja, os quais se encontravam restabelecendo-se das feridas sofridas no combate pela tomada de Guayos. Estes últimos combatentes integraram também o grupo de cubanos que lutaram junto com Che na Bolívia.

Embora, no geral, a maioria desconhecesse a estratégia que ia ser seguida, nessa reunião ficaram claras algumas das táticas a empregar. Ramirito deveria marchar rumo ao leste, para Jatibonico; Bordón e Chaviano se situariam na estrada

---

*Bebida não fermentada feita à base de cevada tostada. (N. do T.)

central, dando a volta por Cienfuegos, muito próximos da cidade, depois de destruir a ponte sobre o rio Sagua e evitar que chegassem reforços de Matanzas; e Che se deslocaria para Placetas a fim de preparar a ofensiva em direção a Santa Clara. Em Placetas, estavam esperando por ele o resto da Coluna 8 e parte das forças do Diretório, para completar detalhes do ataque.

Saímos da cidade no dia 27 à noite e chegamos na madrugada de 28 à universidade, montados no jipe; como já era habitual, eu no meio com a escolta de sempre, ainda que desta vez sem Parritas, que tinha ficado em Placetas, mas com a presença de Ramirito, que dirigia o jipe nesses momentos e que daí se deslocaria para cumprir a missão encomendada. No caminho, a única coisa gloriosa que ocorreu foi que todos comemos uma lata grande de pêssegos, que eu nunca soube de onde saiu e que nos pareceu um manjar dos deuses.

Com a nossa chegada à Universidade Central se constituiu o primeiro posto de comando ou a Comandância, durante apenas umas horas, porque depois ele estaria localizado em um lugar mais próximo da cidade. Nunca esquecerei essa manhã, porque Che, sem que eu esperasse por isso, me entregou um M-1 dizendo que eu o havia conquistado. Pode-se dizer que foi o meu primeiro êxito importante como combatente, porque não tive que pedi-lo. Ele considerou que eu o merecia, o que, claro, conhecendo como eram rígidos os seus critérios a respeito, me encheu de satisfação, e me senti verdadeiramente um a mais entre eles, sem diferença alguma.

Ali se recebeu a notícia de que o grupo comandado por Acevedo e Alberto Fernández já tinha chegado a Santa Clara, explorado os caminhos que conduziam à cidade e podido conversar com moradores do lugar.

Na manhã do dia 28, o resto da tropa começou a penetrar pela estrada de Camajuaní, e ocorreu o primeiro enfrentamento com o inimigo. Tanques pequenos e ágeis do exército de Batista estavam tocaiados nas proximidades. Sofremos baixas: quatro feridos graves foram transferidos e colocados em uns bancos longos da minha antiga escola de pedagogia da Universidade Central, convertida em hospital de guerra. Esse é o momento em que Che se encontra com o rapaz a quem, em Remedios, tinha ordenado que conseguisse uma arma de novo no combate. O jovem estava mortalmente ferido. Procurando se identificar, Che segurou a sua mão e, depois de falar brevemente com ele, saiu muito perturbado, cheio de tristeza, tendo deixado o rapaz aos cuidados de Oscarito, sabendo que não havia nada mais a fazer. Eu, na verdade, não tive coragem de entrar, devido ao estado em que se encontravam os companheiros.

Pouco depois, saímos no jipe rumo à estrada de Camajuaní, muito próximos da entrada de Santa Clara, para conhecer, pessoalmente, qual era a situação. Logo se percebeu que alguns franco-atiradores estavam posicionados no alto da colina El Capiro. Os tanques, por sorte, tinham se retirado, o que denotava o baixo moral combativo do inimigo, o oposto da fama que já precedia Che. Nesse momento Luis Lavandeiro, de origem francesa, armado com uma metralhadora calibre 30 e com um grupo de rebeldes da escola de recrutas, se aproximou, mas, ao sentir as balas de um pequeno avião que bombardeava a cidade, se atirou na valeta.

A resposta de Che não se fez esperar. Desafiou a tropa a continuar o combate; ele mesmo pegou a metralhadora e começou as ações. Sua atitude foi, na verdade, simbólica, para contrabalançar o pânico, porque sabia bem que muito pouco se podia fazer com uma metralhadora calibre 30 ante os disparos de um pequeno avião inimigo.

Em meio à confusão da contenda, pela primeira vez desde que começara a batalha, eu pensei que Che tinha se enganado e pus em dúvida a possibilidade da vitória ante um inimigo superior em armas e em número de efetivos, respaldado, além disso, pela aviação. Na realidade, eu achava que teríamos de regressar.

Claro que a precipitação dos acontecimentos não deu lugar à especulação e continuamos avançando, eu com o temor de que Che fosse ferido a qualquer momento, o que por sorte não aconteceu. Engoli os medos e as vacilações e me entreguei à luta com a convicção de que tínhamos de vencer. Até esse momento, Che havia demonstrado que era um líder excepcional e, uma vez mais, pudemos comprovar isso, apesar das minhas dúvidas, que não passaram de um temor infundado ou de uma simples inexperiência de guerrilheira novata.

Avançamos rumo à cidade e passamos, coincidentemente, diante da casa de Lolita Rosell. Quando nos aproximamos, já era 28 de dezembro, dia dos Santos Inocentes,* de

---

*Ou dia dos inocentes. Data que, em partes da Espanha e da América hispânica, equivale ao 1º. de abril brasileiro. (N. do T.)

maneira que as brincadeiras não tardaram. Ao ver a perturbação da minha amiga combatente clandestina, disse para ela que não eram alucinações, mas um grande sonho convertido em realidade.

Seguimos rumo à sede de Obras Públicas e situamos ali a segunda e definitiva Comandância, de onde foram dadas as ordens para levar adiante a ofensiva final.

À tarde, no jipe junto com a escolta, retornamos a El Pedrero, zona de total segurança para os nossos. Ali comparecemos ao funeral de um combatente. Também visitamos José Ramón Silva, um dos nossos capitães, gravemente ferido em Cabaiguán, e, já de regresso, Leonardo Tamayo (Tamayito), também ferido, mas com menor gravidade. Naquelas circunstâncias, recordo que voltamos a nos encontrar com a minha amiga Ernestina, enfermeira da Coluna, a quem Che pediu encarecidamente que cuidasse de Silva, dado o seu estado.

Na volta, ao entardecer, ocorreu o inesperado. Não sei se por causa do horário ou por necessidades do seu espírito, Che começou a me contar, pela primeira vez, a sua vida pessoal. Foi uma aproximação pela qual me confessava a existência da sua esposa peruana, Hilda Gadea, que era economista, e da sua filha, Hildita — naquele momento, não entendi bem se me dizia que de três ou de treze anos. Sobre a relação com Hilda, me disse que, quando saiu do México, tinha se separado dela. Falou de incompreensões e, pela forma como explicava isso, notei desamor e pude perceber que não a amava, ou, pelo menos, não sentia o que significava para mim o "estar apaixonado". Acho que esse não foi realmente o sentimento que os uniu. Mas, claro, dessa conversa não pude deduzir na sua totalidade o que ele tratava de me expressar, o que fez a minha balança pender a favor dela, sobretudo porque eu era, com os meus costumes e paixões, fiel defensora da mulher.

Foi dessa maneira que ele me informou do seu estado ou condição civil; estava tratando de transmitir os seus pensamentos, que não compreendi então porque, apesar de ter estado trabalhando com muitos homens durante todo esse tempo, eu não era nada maliciosa e entendi aquilo como um desabafo.

Da minha parte, ainda sob a influência das leituras de romances românticos — e em pleno fragor de luta pela liberdade da minha pátria e pela minha própria —, imaginava Hilda como uma mulher muito elegante, de personalidade forte. Não podia ser de outra maneira, porque um homem tão valente e viril não teria ao seu lado alguém que não fosse assim como eu a imaginava. No entanto, apesar das minhas apreensões, ele me pareceu muito só nesse momento. Até então não podia nem sequer imaginar como ele estava cheio de amor para com os demais e tudo que queria fazer para conseguir a plenitude dessa entrega aos outros. Ainda que não o pretendesse, tudo aquilo me aproximava, não apenas do guerreiro que me dirigia na luta, mas também, por que não dizer, do homem.

Quando rememoro tudo isto, me imagino em um carro, acompanhada somente de um homem que conta as suas vicissitudes na vida para um soldado que vai espreitando o que os rodeia, cuidando da segurança do seu comandante, em uma tarde que vai morrendo. Um parêntese: com essas confissões fica terminada essa página para continuar a contenda.

Durante as ações, partindo de Cabaiguán ou de Placetas, íamos no jipe ou em um carro para ver Camilo em Yaguajay. Eram, dentro do turbilhão, momentos muito agradáveis e reconfortantes, que contribuíam para nos irmanarmos ainda mais e para nos conhecermos tal como éramos: uns ingênuos e espirituosos, outros mais tímidos, todos cheios de juventude e felicidade por saber que se aproximava o triunfo tão desejado.

Qualquer situação era motivo de alegria. Recordo um dia que íamos no jipe com Oscarito, Núñez, sua esposa Lupe Velis e Alberto Castellanos de motorista, e percebi que todos estavam pegando no sono, inclusive Alberto. Comecei a conversar com ele e falamos das belezas de Cuba, entre elas a praia de Varadero. Imediatamente, fiel ao seu fraco pelas mulheres, me disse, com esse ar gozador que o caracteriza, que o mais bonito eram as mulheres na praia; que ele só conhecia uma em Holguín, Guardalavaca, mas que bastava. Depois acrescentou a expressão "que mulheres!". Essas eram as pessoas que nos rodeavam: simples, rudes, mas cheias de respeito e carinho para com todos os seus companheiros. Com a brincadeira, consegui que todos acordassem, embora, graças aos risos, tenhamos ido parar em uma vala do caminho. Chegamos felizes ao nosso destino, ainda que mais tarde.

Para finalizar plenamente o dia, Camilo estreou o seu famoso "tanque de guerra", batizado com um nome impressionante — o Dragão —, que contrastava com o seu aspecto rudimentar.

Por ordens de Che, em um desses dias, saí para uma missão com Villegas e, quando já estávamos regressando, muito perto da Comandância, vimos os B-26, que voavam baixo e deixavam cair as suas bombas indiscriminadamente sobre a população indefesa: eram os últimos estertores da crueldade e da fúria. Eu segurava a câmera fotográfica de Che e o meu M-1, que de modo algum me salvou do medo. Assim, em um gesto involuntário e bastante brusco, me atirei ao chão para me proteger, embora Villegas me dissesse que não havia perigo algum. Com a queda, ou aterrissagem, provoquei o que para mim foi um desastre: quebrei a câmera com a pancada. Era tal a minha vergonha, que pedi a Villegas que não dissesse a Che como eu a tinha quebrado, o que ele cumpriu incondicionalmente. Não tenho que insistir sobre a amizade e carinho recíprocos que se mantiveram intactos até hoje, desde aqueles distantes dias de cumplicidade mútua e outros mais próximos, obscurecidos pela tristeza e pela dor.

Ao chegar à Comandância por volta do meio-dia, entreguei a câmera para Villegas e me deitei no chão para descansar, a ponto de chorar, pensando que, quando Che se inteirasse, me acusaria de covarde. Por sorte, tudo ficou entre nós. Liquidado o incidente, ele não lhe deu importância ou quis ignorá-lo, o que era mais provável.

Mas isso não é tudo. Parecia que um feitiço intervinha para estragar a minha imagem diante do comandante. Na noite do dia 29, Che e eu saímos caminhando pela estrada: ele, em posição escrutadora, para que não lhe escapasse ne-

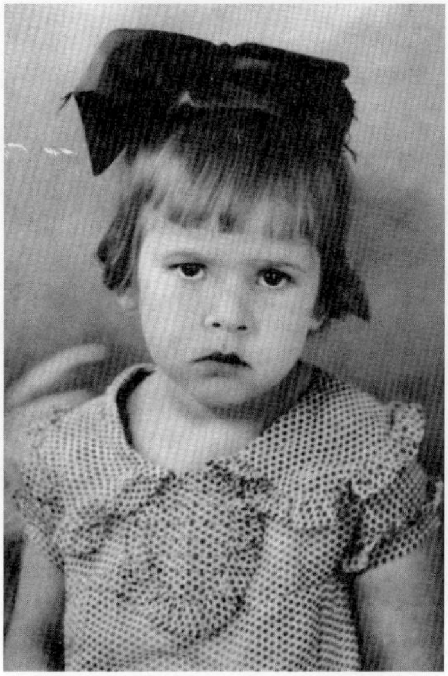

Única foto que conserva da infância, aos 5 anos de idade.

Os pais, Juan March e Eudoxia de la Torre na casa de campo.

Recém-chegada a Santa Clara para começar o ginásio, em 1945.

Uma das visitas à casa de campo dos pais.

Jogando softbol no Instituto de Segundo Grau, em 1948.

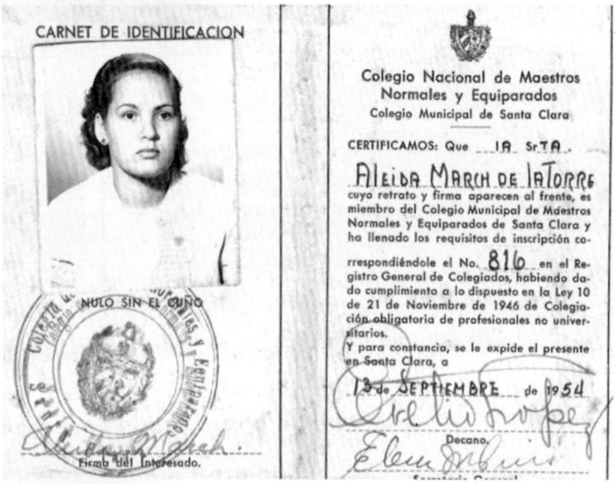

CARNET DE IDENTIFICACION

NULO SIN EL CUÑO

Aleida March.
Firma del Interesado.

Colegio Nacional de Maestros Normales y Equiparados
Colegio Municipal de Santa Clara

CERTIFICAMOS: Que la Srta.
Aleida March de la Torre
cuyo retrato y firma aparecen al frente, es miembro del Colegio Municipal de Maestros Normales y Equiparados de Santa Clara y ha llenado los requisitos de inscripción correspondiéndole el No. 816 en el Registro General de Colegiados, habiendo dado cumplimiento a lo dispuesto en la Ley 10 de 21 de Noviembre de 1946 de Colegiación obligatoria de profesionales no universitarios.
Y para constancia, se le expide el presente en Santa Clara, a
13 de Septiembre de 1954

Decano.

Caderneta da Escola Normal.

Na Escola Normal com algumas companheiras de curso, em 1953.

Rainha do Carnaval em Santa Clara, ao terminar os estudos na Escola Normal, em 1953.

Na graduação.

Na Universidade Central de Las Villas "Marta Abreu", enquanto cursava pedagogia, em 1955.

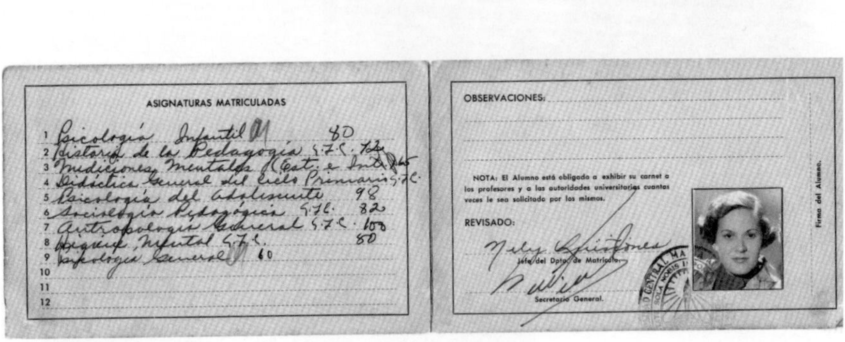

ASIGNATURAS MATRICULADAS

1 Psicología Infantil 80
2 Historia de la Pedagogía S.T.C.
3 Mediciones Mentales (Est. e Int.)
4 Didáctica General del Ciclo Primario S.T.C.
5 Psicología del Adolescente 98
6 Sociología Pedagógica S.T.C. 82
7 Antropología General S.T.C. 100
8 Higiene Infantil S.T.C. 80
9 Psicología General 60
10
11
12

OBSERVACIONES:

NOTA: El Alumno está obligado a exhibir su carnet a los profesores y a las autoridades universitarias cuantas veces le sea solicitado por los mismos.

REVISADO:

Jefe del Dpto. de Matrícula.

Secretario General.

Firma del Alumno.

Caderneta da universidade.

Reunião com amigos na época universitária.

Visita à casa da amiga Mercedes López em Rancho Veloz.

Com um grupo de amigos da Igreja Presbiteriana de Santa Clara, entre eles as companheiras de estudo Esther e Gladys González.

Aleida e a amiga Lolita Rosell com o marido.

Passeio ao aqueduto de Santa Clara.

Com os pais e irmãos na sua casa de Santa Clara.

Na casa da amiga Gladys González.

Camilo e Che.

Cabaiguán, depois da tomada de Fomento.

Campanha de Las Villas, em Cabaiguán.

"Estou mostrando para Che um sabão...", em Remedios.

Depois da explosão da ponte
Falcón pelas tropas da Coluna 8.

Durante a tomada de Placetas.

Foto tirada por Che.
Diante do trem blindado.

Entrada na cidade de Santa Clara: "Apareceu um chinês muito jovem, fotógrafo, câmera na mão. Graças a ele, nossas imagens ficaram para recordação."

Uma pausa no decurso da batalha de Santa Clara, no andar superior da loja Buena Nueva.

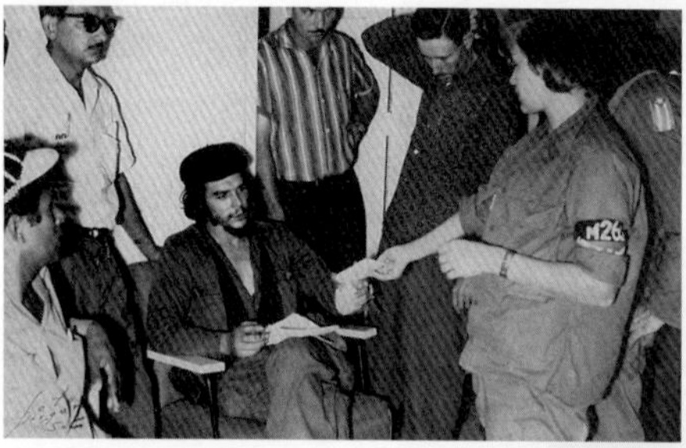

Em Santa Clara com moradores da zona rural.

Durante a rendição de Leoncio Vidal às forças da Coluna 8, em 1º de janeiro de 1959.

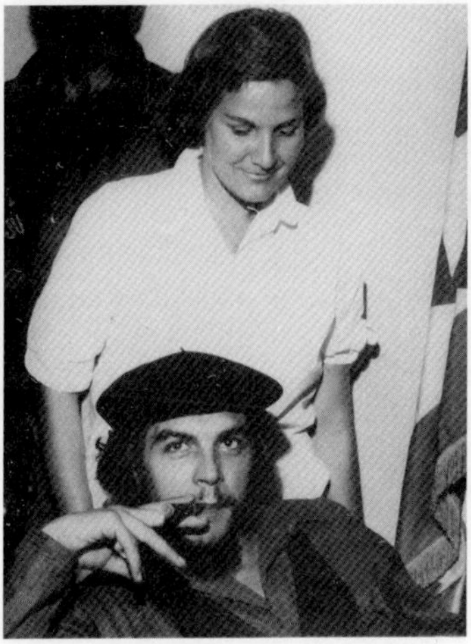

Chegada a La Cabaña, em janeiro de 1959.

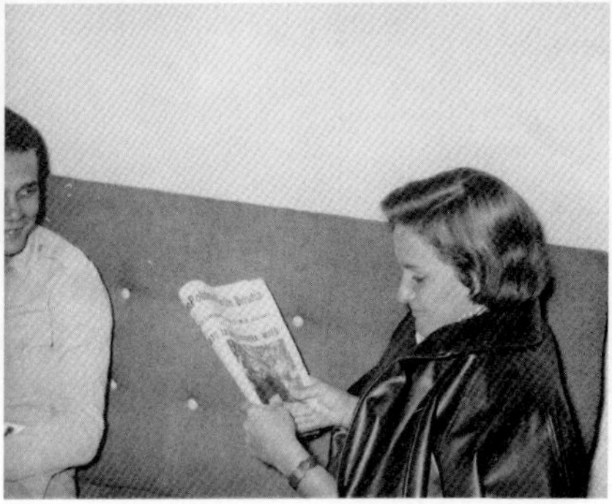

Um momento de descanso em La Cabaña.

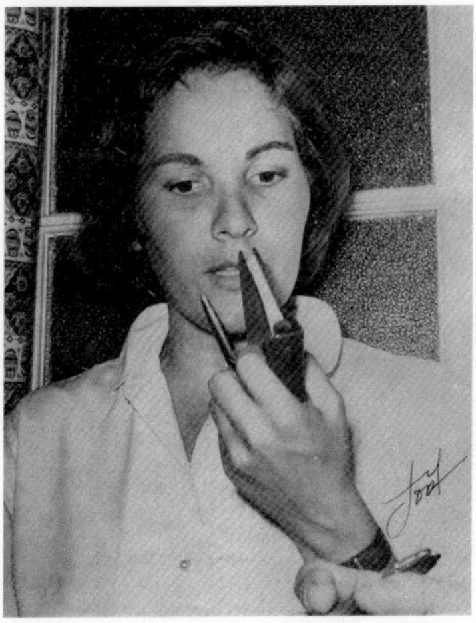

Primeiras declarações para a revista *Bohemia*.

Em Matanzas, no dia 7 de janeiro, para um contato de Che com Fidel. Nesse dia, Aleida foi apresentada a Fidel.

Foto tirada por Camilo Cienfuegos no palácio presidencial.

Visita a El Pedrero com os pais de Che.

Viagem de exploração a Sumidero, Pinar del Río, em 1959.

Viagem a Minas del Frío.

Durante a visita de Anastas Mikoyan a uma residência oficial (na foto, a presença de Vilma Espín).

Fotos do casamento,
em 2 de junho de 1959.

Despedida no aeroporto (viagem aos países do Pacto de Bandung), em 12 de junho de 1959.

Passagem por Bayamo.

No Banco Nacional, início de 1960.

Na Biblioteca Provincial José Martí de Santa Clara, durante a preparação de parte da delegação que participaria do I Congresso Latino-Americano de Mulheres no Chile, em novembro de 1959.

Che se despede da delegação que iria ao Congresso Latino-Americano de Mulheres no Chile.

Durante uma sessão de trabalho das comissões no Congresso Latino-Americano de Mulheres no Chile.

Em Lima, com Vilma Espín, ao regressar do Congresso Latino-Americano de Mulheres.

Em uma entrevista para a revista *Unidad Femenina* em Santa Clara, ao retornar da viagem ao Chile.

Comparecimento a um ato político com Che, em janeiro de 1960.

Visita a exposição no Palácio de Belas-Artes, em 1960.

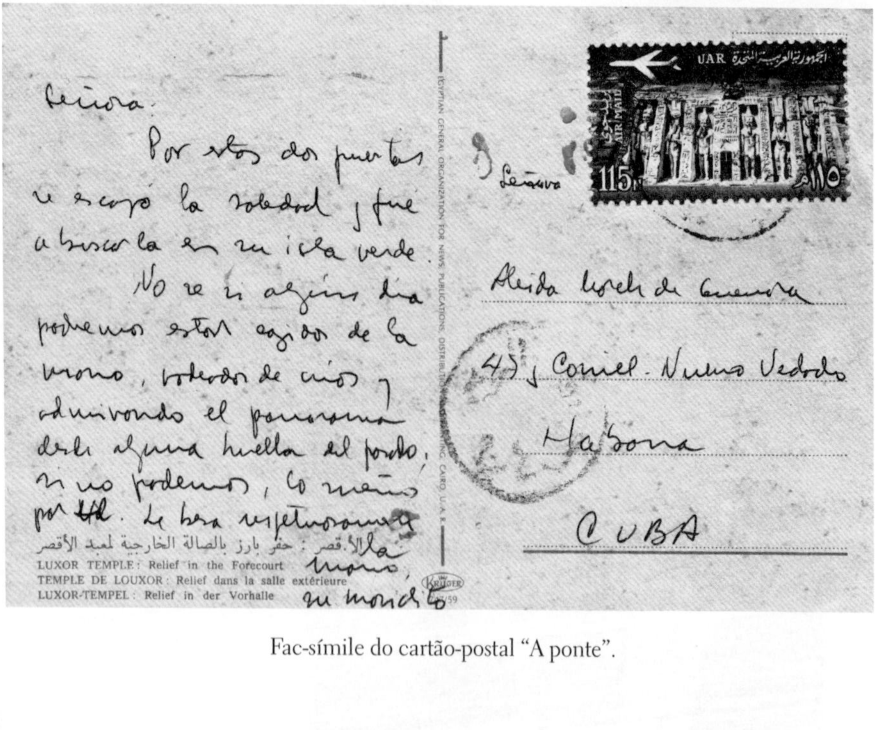

Señora:

Por estas dos puertas se escapó la soledad y fue a buscarla en su isla verde.

No sé si algún día podremos estar cogidos de la mano, rodeados de niños y admirando el panorama desde alguna huella del pasado, si no podemos, lo menos por [illegible]. Le besa respetuosamente la mano, su marido

الأقصر : حفر بارز بالصالة الخارجية لمعبد الأقصر

LUXOR TEMPLE : Relief in the Forecourt

TEMPLE DE LOUXOR : Relief dans la salle extérieure

LUXOR-TEMPEL : Relief in der Vorhalle

EGYPTIAN GENERAL ORGANIZATION FOR NEWS, PUBLICATIONS, DISTRIBUTION [illegible] CAIRO, U.A.R.

UAR AIR MAIL 115

الجمهورية العربية المتحدة

Señora

Aleida March de Guevara

47 y Conill - Nuevo Vedado

Habana

CUBA

Fac-símile do cartão-postal “A ponte”.

Com Aleidita na casa da rua 18, Miramar, em 1961.

Atividade na FMC. Aparecem na foto Lidia Castro, Calixta Guiteras e Celia de la Serna.

Reunião de trabalho na sede da FMC, em 1960.

Na FMC com dona Laura de Albizu Campos, Lia de la Torriente Brau, Carmen del Busto e Esterlina Milanés.

Na sua casa da Cidade Liberdade com uma delegação alemã, em 1960.

Casamento da sobrinha Miriam Moya March, em 1965.

Rumo a Baracoa pelo rio Toa, em 1959.

Visita ao ICAIC.

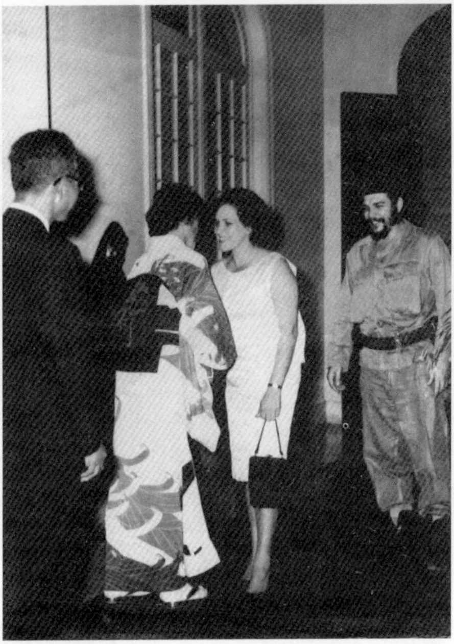

Recepções diplomáticas.

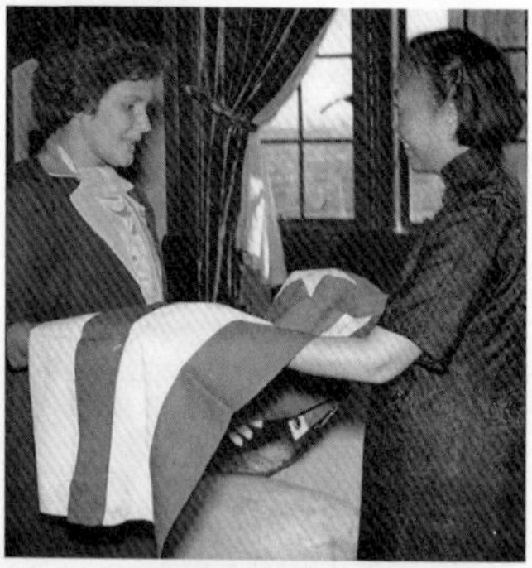

Viagem à China à frente de uma delegação da FMC, em 1961.

Recebendo Che, no aeroporto, na volta de uma das viagens à URSS.

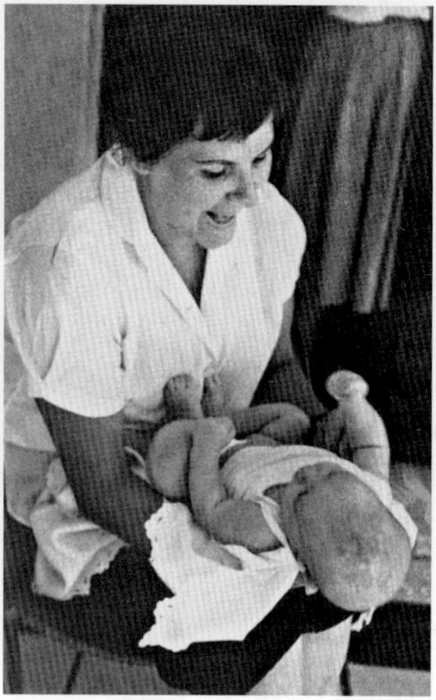

Nascimento do primeiro filho homem, Camilo.

Com Celia, a terceira filha, em 1964.

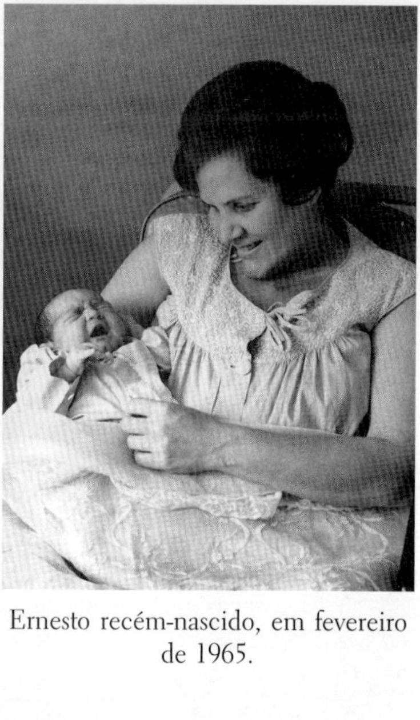

Ernesto recém-nascido, em fevereiro de 1965.

No parque Almendares, em dezembro de 1964.

Jornada de trabalho voluntário com uma delegação chinesa.

Com Ernesto, Camilo, Hildita e Aleidita, em julho de 1965.

Organização do escritório na sua casa de Nuevo Vedado, em 1963.

Fac-símile do cartão-postal "Lucresia Crivelli".

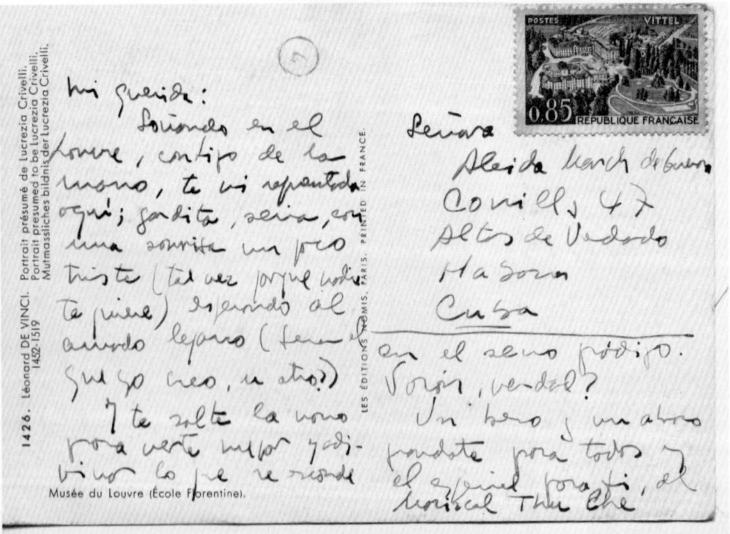

1426. Léonard DE VINCI. 1452-1519 Portrait présumé de Lucrezia Crivelli. Portrait presumed to be Lucrezia Crivelli. Mutmassliches bildnis der Lucrezia Crivelli.

Mi querida:
Soñando en el Louvre, contigo de la mano, te vi representada aquí; gordita, seria, con una sonrisa un poco triste (tal vez porque nadie te quiere) esperando al amado lejano (tienes el que yo creo, u otro?)
Y te solté la mano para verte mejor y adivinar lo que se esconde en el seno pródigo. Sorpresa, verdad?
Un beso y un abrazo grandote para todos y el especial para ti, el mariscal Thu Che

Musée du Louvre (École Florentine).

LES ÉDITIONS NOMIS. PARIS. PRINTED IN FRANCE.

POSTES VITTEL 0,85 RÉPUBLIQUE FRANÇAISE

Señora
Aleida March de Guevara
Conill, 47
Altos de Vedado
Habana
Cuba

Antes da partida para o Congo à frente do primeiro Exército Internacionalista, abril de 1965, na entrada da sua casa em Nuevo Vedado.

Com Ernestico, em 1965.

Com Fidel, em ato público, em 1965.

Foto enviada ao Congo, em 1965.

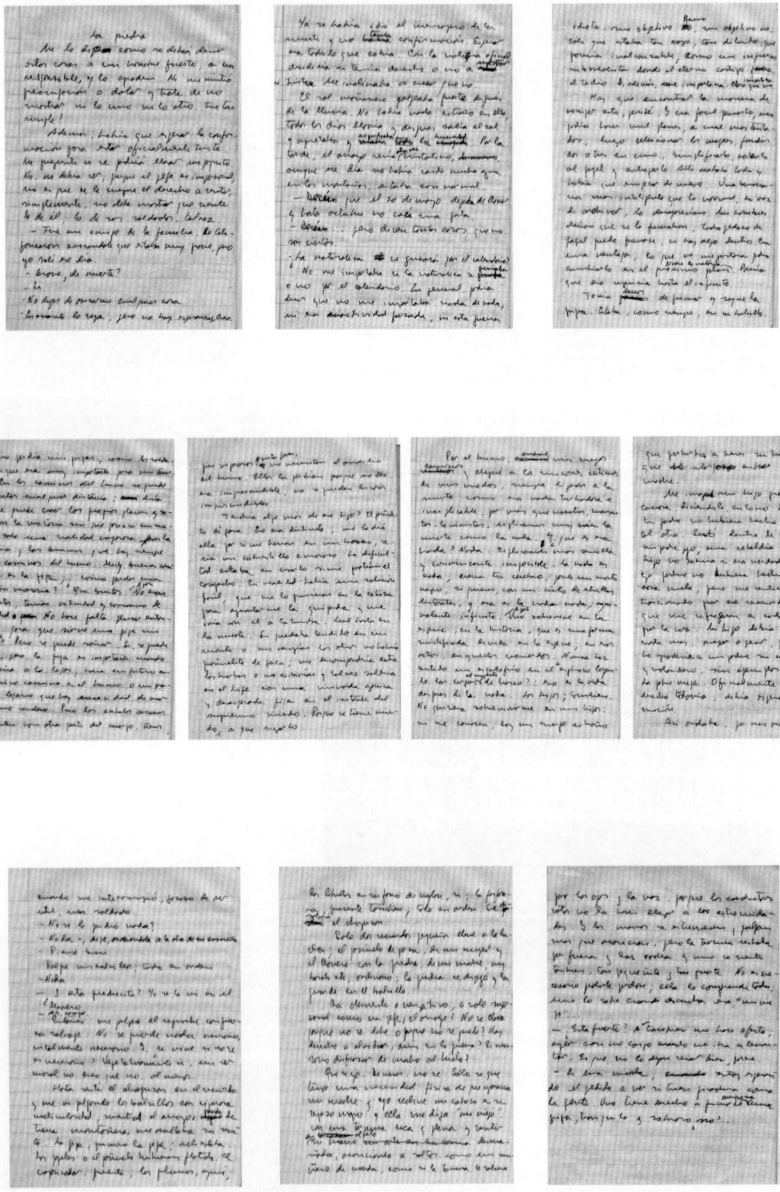

Fac-símile “La piedra”.

Com Fidel no pico Turquino, em novembro de 1965.

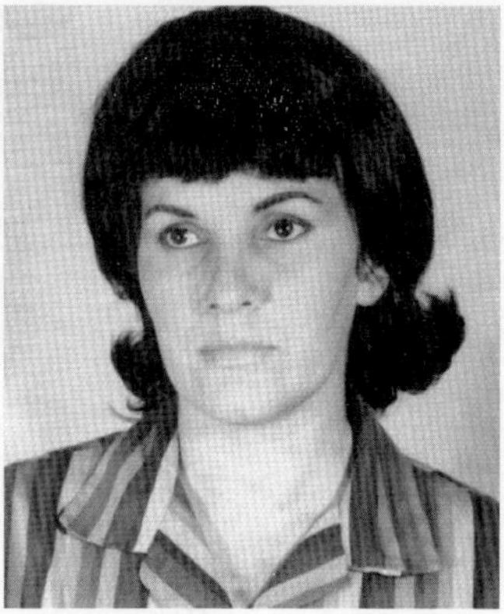

Foto do passaporte com o nome de Josefina González, em janeiro de 1966.

Ambos caracterizados como Josefina e Ramón, no encontro na Tanzânia, em janeiro de 1966 (fotos tiradas por Che).

Durante a estada na Tanzânia (fotos tiradas por Che).

Em San Andrés, Pinar del Río, com a filha Celia, em agosto de 1966.

Aleida com Celia (foto tirada por Che em San Andrés).

Descanso durante o treinamento em San Andrés (foto tirada por Che).

Com o velho Ramón, em outubro de 1966.

Os filhos se despedem do velho Ramón ("amigo do seu pai"), em uma casa de segurança em Havana.

Com os filhos, em 1966.

Foto de família
(tirada por Korda).

As crianças com os avós Juan e Eudoxia, no aniversário de Ernestico, em fevereiro de 1968.

Um almoço na casa de
Raúl Roa.

Como deputada do Grupo
Interparlamentar.

Como deputada do Parlamento cubano, na Itália.

Na praça San Marco, Veneza.

Os filhos com a avó Eudoxia.

No Japão.

Com os filhos.

Casamento de Celia.

Com a amiga Ernestina Mazón, sua filha Aleida e algumas das suas netas.

Com os filhos, em maio de 2006.

nhum detalhe, e eu, como boa assistente, anotando todas as suas instruções em uma caderneta. De repente, ele me disse que era necessário procurar um *caterpillar* (buldôzer) para levantar a linha do trem — o que depois provocaria o célebre descarrilamento do trem blindado do exército de Batista. A voz de Che era gutural e, como era tarde da noite, falou muito baixinho. Eu, claro, não tinha entendido nada; além disso eu não sabia o que era um *caterpillar* e anotei a coisa mais parecida com o que tinha ouvido. Foi um grave erro da minha parte e, ao notar a minha confusão, ele pediu para ver o que eu tinha escrito. Para o meu sufoco e vergonha por toda a vida, leu "catres, pás e pilhas" e me disse brincando: "Professora, pedagoga!" Imediatamente repliquei: "E você quer o quê? Eu não sei o que quer dizer isso." Para a minha desgraça, não foi possível tapar o sol com a peneira e, apesar do meu silêncio, a partir daí, cada vez que ocorria algo parecido, em tom gozador, sempre se encarregava de me recordar o fato. Anos mais tarde, contei a história para os meus filhos, que a repetem a modo de troça.

Não obstante a minha ignorância, de manhã o *caterpillar* já tinha aparecido, dirigido por um civil e com instruções de começar a levantar a linha do trem. Quando se prontificou a realizar a tarefa, dispararam contra ele. Também feriram no abdome um senhor idoso que tinha vindo xeretar, sendo preciso levá-lo para o Hospital do Professor, próximo do lugar.

Em meio ao tiroteio, começamos a procurar de onde vinham os tiros. No lugar em que nos encontrávamos, havia um tripé, um teodolito, que peguei por curiosidade e me pus a procurar ao longe. Nesse momento percebemos, no teto do Gran Hotel (atual Hotel Santa Clara Libre), localizado diante de uma das laterais do parque Vidal, umas coisinhas pretas que se moviam: eram os franco-atiradores postados nessa altura para dominar visualmente toda a cidade. Imediatamente Che mandou buscar um combatente do "pelotão suicida" e lhe ordenou levantar a linha. Isto determinou que, durante a tarde do dia 30 de dezembro, o trem blindado, último recurso ofensivo das forças inimigas, caísse em nosso poder ao ser descarrilado.

Antes que isto ocorresse e depois de levantar a linha do trem, entramos na cidade, acompanhados de Guile (Ramón Pardo Guerra), Harry Villegas e José Argudín. Pegamos a Independencia, a rua central, e, antes de chegar à rua Maceo, apareceu um chinês muito jovem, fotógrafo, com uma câmera na mão. Graças a ele, nossas imagens ficaram para recordação.

Daí continuamos e, mais ou menos na segunda quadra, depois da Luis Estévez, muito próximo do parque, perto da Casa Anido, uma loja de roupas, com seus grandes espelhos, sentimos um tanque que disparava ao longe.

Apesar do perigo iminente, Che cruza a rua, quase diante do tanque e, nesse momento, a sua boina cai. Argudín subiu por outra rua rumo ao parque e eu fiquei um momento parada — na verdade, paralisada. Imediatamente pensei em quão perto desse lugar se encontrava a minha casa, mas em segundos me decidi e cruzei a rua para me encontrar com

Che, determinada a não deixá-lo sozinho, porque eu estava consciente de que ele não tinha idéia de onde se encontrava. Com espanto, me dou conta de que Che está regressando para apanhar a sua boina. Para nossa surpresa, o tanque tinha retrocedido: talvez o inimigo tenha pensado que podia enfrentar uma emboscada e decidiu não se arriscar e continuar por outra rota.

Seguimos juntos sem que ocorresse nenhum contratempo. Foi então — segundo me confessou em um dos escassos momentos de repouso, muito tempo depois — que ele percebeu o que sentia por mim, ante o temor provocado por pensar que poderia ter me acontecido algo. Claro, não era o momento para confissões, mas tampouco se podia impedir que os sentimentos brotassem.

Depois de percorrer muitas ruas, tomou-se a decisão de continuar até a igreja del Carmen, para examinar a situação. Ali tínhamos companheiros postados diante da delegacia de polícia. Viramos para onde estava o trem blindado, já descarrilado; nos adentramos pela ponte e dali Che começou a dirigir as operações. Uma vez tomado o trem, mandou buscar Núñez Jiménez e Alberto Castellanos, com a ordem de levar os soldados da tirania para Caibarién e deslocá-los na fragata que ali se encontrava.

Che se comportava com total respeito com os prisioneiros, seguindo o preceito do nosso Exército Rebelde, apesar de que muitos dos que tinham vindo no trem faziam parte da tropa do sanguinário coronel Sánchez Mosquera, que tinha assassinado muitos camponeses da serra Maestra.

De volta à Comandância, continuaram os combates. Chegou o dia 30, dia nefasto em que saímos de novo, desta vez pela estrada de Maleza, para contornar a estação de trem, de onde se podia entrar na chefatura de polícia. Che começou a caminhar e sentiu outra vez os franco-atiradores, que disparavam muito perto dos seus pés. Ninguém o seguia. Foram frações de segundo. Quando percebo, me uno a ele rapidamente e continuamos avançando; desta vez, Fernández Mell se encontrava conosco.

Contornamos a antiga Escola Normal de Professores, ganhamos a rua e penetramos por uns buracos que, por ordens do Vaquerito, já tinham sido abertos nas paredes fronteiriças de algumas casas, com o objetivo de facilitar o avanço dos combatentes de uma posição a outra sem sair a céu aberto.

Por um desses buracos, ele mesmo tinha entrado, em frente à delegacia, e assim o tiraram, já mortalmente ferido. Quatro companheiros o traziam, com a sua melena de cabelos leoninos ensangüentada. Recordo essa imagem tão impactante com total nitidez. Diante dele, ficamos paralisados. Che o examinou e imediatamente disse para Oscarito que o levasse ao hospital. Perguntei-lhe se estava vivo, porque vi como se convulsionava, ao que ele me respondeu que não, que eram apenas os estertores da morte.

A lenda popular afirma que Che, quando o viu nesse estado, declarou que a sua morte equivalia à de cem homens. Eu não o escutei dizer isso, mas o sentimento que o falecimento do Vaquerito produziu em todos era o reflexo da admiração por este combatente exemplar, que tantas vezes arriscou a sua vida e que não conseguiu ver o triunfo definitivo, já tão próximo.

Logo Che continuou comigo por dentro dos túneis abertos, até chegar ao lugar onde o Vaquerito tinha morrido. Subiu, examinou o lugar e deu ordens precisas.

Do posto de comando, Che deu ordens estritas para impedir qualquer ação do inimigo. Acevedo atacou a prisão e o tribunal; Alberto Fernández e Alfonso Zayas — que já tinha desalojado os soldados inimigos da colina El Capiro — combateram no cine Cloris, localizado no mesmo edifício do Gran Hotel, onde já sabíamos que estavam instaladas forças inimigas.

Desta forma, com ações-relâmpago, que se sucedem do dia 29 ao 31, tinha se descarrilado o trem blindado, tomado a sede do Governo Provincial, o quartel de Caballitos (polícia motorizada), o quartel do Esquadrão 31, a prisão e a delegacia de polícia. Faltava vencer as tropas inimigas do Regimento Leoncio Vidal e as instaladas no tribunal e no Gran Hotel.

Do dia 31 de dezembro ao 1º de janeiro, consegue-se atacar o Gran Hotel, em uma das ações que me causou mais temor, diante do risco de que pudesse acontecer algo com Che. Tudo sucedeu em um ritmo acelerado, como era o normal nesse tipo de enfrentamento. Nós nos dirigimos rumo ao centro, lugar onde se encontravam postados os soldados do SIM, em uns tanques que pegamos na delegacia de polícia e nos situamos entre o hotel e o parque. Era a primeira vez que eu entrava em um tanque e tive a sensação de estar em um buraco.

Che desceu do tanque e realizou um reconhecimento. Ao começar a subir pelas escadas, deu-se conta de que havia uma granada em um dos degraus. Procurou outra saída, passou por uma tábua, de uma torre para a outra, a uma altura equivalente a um terceiro andar e conseguiu chegar à outra torre ou bloco. Villegas e eu ficamos sentados dentro do cinema esperando ordens de Che e, embora não seja nada valente nem relevante, devo dizer: por frações de minuto, pegamos no sono! Che regressou quando os capangas se renderam. Os prisioneiros foram trancados em um porão da nossa Comandância, e seguimos o comandante sem abrir a boca.

Na debandada do inimigo, ocorreram fatos dantescos e traumáticos. Quando Acevedo estava tomando o tribunal, com espanto viu que os tanques do exército de Batista passavam por cima de um dos seus soldados, morto no combate.

Diante de tanta barbárie, era preciso começar a agir com rapidez. Já na Comandância, Marta Lugioyo, nossa companheira, advogada de profissão, redigiu as ordens de fuzilamento, acompanhadas da lista com os nomes dos que deviam ser executados por ter cometido crimes atrozes. Não se pôde completar a relação, porque alguns dos principais culpados tinham conseguido escapar; não obstante, a ordem de fazer justiça estava dada, avalizada pela realização de um processo sumaríssimo, amparado no Regulamento Penal nº 1 proferido na serra Maestra.

No dia 1º de janeiro, faltava o Regimento Leoncio Vidal se render e Che, para evitar um derramamento de sangue desnecessário, decidiu enviar o doutor Rodríguez de la Vega, Núñez Jiménez e o doutor Ruiz de Zárate para negociar com o coronel Hernández, comandante da tropa inimiga. Eles o advertiram de que, se ao meio-dia e meia não se rendesse, começaria o enfrentamento. O coronel respondeu com uma negativa.

Ao terminar o prazo estabelecido, o inimigo enviou o comandante Fernández para conversar com Che. Insiste-se em que o ultimato estava dado e, caso não se rendessem, os únicos culpados do que acontecesse seriam eles mesmos. Claro que, ocorrendo algum combate, as baixas iam ser muitas, porque as forças eram desproporcionais; os rebeldes contavam com aproximadamente 340 homens, contra uns 3 mil soldados da tirania, que, embora desmoralizados, poderiam, ante o temor da morte, decidir lutar. Por sorte, isso não chegou a acontecer. O inimigo se rendeu finalmente, confiante na honra do comando revolucionário.

No dia 1º de janeiro, Che se comunicou com Fidel por meio do rádio e recebeu a ordem de marchar imediatamente e com rapidez rumo a Havana. Batista e os seus mais próximos colaboradores tinham fugido na véspera e a situação se tornava cada vez mais complexa. Assim, decidiu-se que Camilo se dirigiria com a Coluna 2 Antonio Maceo para Columbia, a mais importante fortaleza do exército de Batista, e a Coluna 8 Ciro Redondo, sob o comando de Che, tomaria a fortaleza de La Cabaña, na entrada da cidade, de onde também se dominava o acesso ao porto e à baía.

É difícil reproduzir com exatidão tudo o que fiz a partir desse momento. Sei que no dia 2, antes de partir, fui com Che inspecionar a sede do Regimento Leoncio Vidal. Antes ou depois, não consegui precisar isso na recordação, fui à minha casa para ver os meus pais. Reuni alguns pertences, poucos por certo, e lhes comuniquei que seguia para Havana, porque a guerra ainda não havia terminado. Meus pais se sentiram muito felizes ao me ver, já que o mais importante para eles era que eu não tinha sofrido nem um só arranhão. Depois de saber, não sei se por Marta ou por Lolita, que eu tinha estado com Che na tomada da província, eles se preocuparam a todo o momento e, para a sua tranqüilidade, a filha pródiga havia saído ilesa. Por enquanto, tinham que se conformar com um adeus. Também pude me despedir de Lolita.

Retornei rapidamente para a Comandância — muito cansada, mas ao menos limpa e com uma roupa um pouco mais apropriada. Devo confessar que tive receio de que, na pressa, tivessem se esquecido de mim e me deixado para trás, quando o meu maior desejo e determinação era continuar. Ao chegar, tudo estava em ebulição, preparando-se a saída: nada tinha mudado para mim.

Nós nos dirigimos ao quartel do regimento, onde havia se estabelecido o comando do Exército Rebelde, para começar a organizar uma parte da tropa que marcharia rumo a Havana. Partimos durante a tarde do dia 2 de janeiro. Situados diante de um pontilhão, na saída de Santa Clara, vimos passar os rebeldes montados nos caminhões que os levariam à capital.

Nós, como era habitual, partimos no jipe com os companheiros de sempre: Alberto, Villegas, Argudín e Hermes Peña. Atrás, em outro carro, nos seguiam Rodríguez de la Vega, Núñez Jiménez e outros que se extraviam na minha lembrança. Foi a estréia de um sonho convertido em realidade...

VI

Sempre que trato de rememorá-lo, o trajeto rumo a Havana se apresenta como um conjunto de acontecimentos não muito precisos. Eu o recordo como uma mistura de sensações entrelaçadas com um sono constante, fruto do cansaço acumulado que tínhamos, mas sobretudo marcado pelos dias assustadores que havíamos vivido.

Em todo caso, imprecisos ou não, fazem parte de um caminho que eu decidira tomar sem nenhum tipo de dúvidas e que se encontrava cheio de expectativas e de emoções inesperadas. Ao sair de Santa Clara, na improvisada caravana, deixava para trás os meus anseios, alguns já tornados realidade, e, mesmo que carecessem de forma, eu estava segura de que o seu conteúdo tinha sido forjado em todos esses anos e a sua incipiente figura começava a ser desenhada em pequenos traços ou esboços.

Ao anoitecer, ocorreu a primeira parada para colocar combustível, acho que em Los Arabos — outros companheiros afirmam que foi em Coliseo. Era um lugar que eu conhecia, pois tinha transitado por ali em tarefas designadas durante a luta clandestina. Mas o que eu nunca imaginei é que, nesse lugar, me aguardava um acontecimento que marcaria o resto da minha existência: a primeira declaração de amor que Che me fez.

Valeu-se de um momento em que nos encontrávamos sozinhos, sentados no veículo. Ele me disse que tinha se dado conta de que gostava de mim no dia em que o tanque veio ao nosso encalço, por ocasião da tomada de Santa Clara, e que havia temido que acontecesse algo comigo. Meio adormecida como estava, não dei àquela confissão inesperada a importância que tinha e a tomei como mais um comentário, porque já havia enfrentado essas solicitações em outras ocasiões e, afinal de contas, para mim Che continuava sendo um homem mais velho e, acima de tudo, o comandante que me inspirava respeito e admiração. Ele talvez esperasse uma resposta ou alguma pergunta, mas naquele momento não saiu absolutamente nada da minha boca; devido ao sono ou ao cochilo, pensei que talvez tivesse ouvido mal e não queria que voltasse a me acontecer o famoso caso do *caterpillar.*

Refletindo sobre aquele instante, penso que talvez Che não tenha escolhido o melhor momento para fazer a sua declaração e me senti um pouco confusa ao avaliar que não era isso o que ele esperava. De qualquer forma, as coisas não passaram daí e seguimos viagem, mas o primeiro passo já havia sido dado.

* * *

Paramos na cidade de Matanzas, onde chegamos durante a noite. Ali nos encontramos com parte da tropa de Camilo e também comemos algo, ou pelo menos isso recordo. Da antiga Companhia de Telefones, se não me engano, Che falou com ele por telefone para se inteirar sobre a situação em Havana — Camilo já se encontrava no quartel de Columbia — e intercambiar as instruções recebidas. Depois prosseguimos.

Uma parte da Coluna 8, com Víctor Bordón à frente, já tinha ido com a tropa de Camilo, e outra ficou no regimento de Matanzas sob o comando de Julio Chaviano, com o objetivo de garantir a ordem e a estabilidade, razão pela qual Che, antes de se retirar, visitou esse regimento. Dias depois, Chaviano viajou até La Cabaña para informar Che sobre a situação em Matanzas.

Esta parte do trajeto até Havana ainda é tema de controvérsia entre nós, os participantes. Isso talvez se deva, entre outras razões, ao fato de que a maioria não tinha muita noção do percurso, dada a nossa origem provinciana. Segundo a imagem que conservo, entramos por El Cotorro, passamos os elevados, seguimos a avenida del Puerto e o túnel da baía de Havana até chegarmos ao nosso destino.

Chegamos a La Cabaña na madrugada do dia 3 de janeiro. Aguardava-nos aquele que estava no comando da fortaleza, coronel Manuel Varela Castro, que, segundo entendi, pertencia ao grupo dos denominados "soldados puros", junto com José Ramón Fernández e outros. Informou-se Che sobre a tropa acantonada no polígono, que estava composta de soldados desarmados, e ele decidiu não passá-la em revista. Dirigiu-se ao Clube Militar, onde permaneciam os oficiais comprometidos e os presos, a oficialidade ainda portava as suas armas curtas.

Em meio a uma surpreendente calma, nos dirigimos à antiga chefatura. Depois de pôr alguns detalhes em ordem e receber o comando, nos retiramos para a casa do comandante de La Cabaña, o tenente-coronel Fernández Miranda, irmão da esposa do ditador Fulgencio Batista, que tinha fugido do país, como todos os seus mais importantes colaboradores.

O que aconteceu nessas primeiras horas parecia insólito. Diante de uma fortaleza como aquela era estranho observar como essa massa de soldados se subordinou ao comando rebelde, sem oposição de nenhuma espécie. Este fato nos disse muito sobre a fratura moral da ditadura, mas principalmente sobre a confiança no Exército Rebelde e o respeito por ele, que contava com o apoio incondicional de todo o povo.

Che e todos os integrantes da Comandância nos situamos na casa de Fernández Miranda e ali amanhecemos; a maioria dormiu no quarto grande, deixando para mim o menor. Dormi poucas horas — o descanso ainda não nos era permitido. Em vão, eu e as duas ou três companheiras que tinham chegado com a tropa tivemos que nos entregar à tarefa de procurar, entre a roupa da esposa do antigo comandante, algo para podermos nos trocar.

Durante a manhã, Che trabalhou na casa, em um pequeno escritório, para depois retornar à chefatura. No trajeto, todos nós que o seguimos espiávamos tudo: os jardins, a vista para o mar, maravilhados com as coisas agradáveis do lugar. Éramos os pobres, que pela primeira vez se sentiam donos do seu destino. Encarávamos as primeiras brisas. Che já tinha advertido que a partir desse instante era que começava a verdadeira luta revolucionária.

Renascia uma nova vida para todos. O caos inicial foi sendo substituído pela ordem e deram-se os primeiros passos a fim de nos organizarmos — para isso, utilizaram-se outras casas dos arredores.

No dia 5 de janeiro, nos deslocamos em um avião de carga para Camagüey. Eu, como é de se supor, não sabia para onde nos dirigíamos e muito menos com quem nos encontraríamos. Durante a viagem, Che começou a ditar para mim alguns apontamentos sobre o dever do soldado rebelde. Dessa forma, me iniciei no meu primeiro trabalho, ainda sem ter se definido oficialmente. Mas o mais importante era que Che já estava organizando os seus pensamentos, a fim de colocá-los em função das tarefas que sabia imprescindíveis para o melhor desempenho do processo revolucionário.

Eu fiquei em um local dentro do aeroporto em companhia do comandante Manuel Piñeiro (Barbarroja) e de Demetrio Montseny (Villa), para depois retornar a Havana junto com Che, que, na realidade, tinha ido se encontrar com Fidel, no aeroporto mesmo, para examinar os passos que estavam sendo dados e receber novas orientações. Existe registro fotográfico desse encontro entre Fidel e Che, no qual se vê que os dois falam, relaxados e satisfeitos.

No dia 7 de janeiro, fomos de carro até Matanzas, onde Che se reuniu novamente com Fidel. Fiquei em um pequeno aposento próximo e ali conheci Celia Sánchez e mais tarde Fidel, a quem Che trouxe para me apresentar.

Era a primeira vez que eu o via e evoco isso como se fosse hoje. Para mim, Fidel teve sempre o dom de me deixar muda. Quantas coisas eu poderia ter lhe dito nesse instante? Mas as palavras não me saíam, era como se algo misterioso as retivesse no coração. Talvez eu pudesse ter lhe expressado o que aquele encontro significava para mim, dizer-lhe que me dava a impressão de conhecê-lo fazia muito tempo. Além disso, havia sido com ele e por ele que a minha vida tinha um objetivo, algo pelo qual valia a pena viver. E isso porque eu ignorava quanto teria de lhe agradecer, não só por tudo o que lhe devo no presente, mas porque, se não fosse por ele, eu nunca teria conhecido Che.

* * *

Nesse mesmo dia, retornamos a Havana para esperar a chegada de Fidel em 8 de janeiro, data inesquecível e repleta de emoções antagônicas. Vimos sua chegada das muralhas da fortaleza de La Cabaña, nessa vista panorâmica mesclada de mar e ondas de povo.

A ordem foi se impondo, até onde se podia, em um processo revolucionário que apostava por varrer o passado turbulento de uma república que nunca pôde alcançar a sua plenitude. Em meio a essa efervescência, me vi pondo ordem na minha vida pessoal e me adaptando à capital.

Eu devia começar a fazer coisas normais e cotidianas, como qualquer mortal, ou, pelo menos, tratar de conseguir isso. Recordo que decidi me vestir novamente como a mulher que eu era e para isso fui com Lupe, a esposa de Núñez Jiménez, à casa da mãe dele, que era modista. Primeiro fiz para mim um vestido conforme a moda, com alcinhas e tudo, até que pouco a pouco fui me sentindo eu mesma. Também fomos à cabeleireira e percorremos o centro de Havana, tratando de captar e conhecer todas as coisas belas e atraentes da nossa capital.

Che saía com os seguranças, sempre na minha companhia, para solucionar questões burocráticas de trabalho; transitávamos pelas ruas do Malecón, onde nos perdíamos. Por não conhecer os lugares, às vezes parávamos na frente de uma luz vermelha, achando que era um semáforo, e depois percebíamos que era a luz de uma farmácia, o que terminava em brincadeiras e risos. Como o título de um filme, éramos "uns camponeses em Havana".

Em particular, agíamos como dois simples apaixonados, deixando-nos levar pelos nossos sentimentos sem muita originalidade, só por puro prazer e satisfação. Quando íamos no carro, em tempos em que eu ainda não era a sua mulher, ele me pedia que lhe ajeitasse o colarinho da camisa porque ia dirigindo e não podia fazê-lo ou que o penteasse alegando que ainda lhe doía o braço: enfim, o galanteio e a velada insinuação de pedir uma carícia, com um pouco de manha.

Dessa forma, as nossas vidas ficavam plenas.

* * *

Os amigos da Igreja presbiteriana, à qual eu pertencia, me convidaram várias vezes para o culto. Compareci um dia, na rua Salud, lugar onde se encontrava a igreja. Che me levou de carro, me deixou na porta e combinamos que, dentro de uma hora, mandaria me buscar. Foi um encontro muito agradável, com muitos amigos e companheiros aos quais momentos indeléveis me uniam: Faustino Pérez, Orestes González, Sergio Arce, meu ministro em Santa Clara, e a viúva de Marcelo Salado, entre outros.

Che sempre se manteve muito respeitoso com relação às decisões que eu tomava, embora, evidentemente, não deixasse de me manifestar o que pensava. Claro que a minha opinião sobre a religião e a sua prática era um processo que tinha de ocorrer paulatinamente e de forma espontânea; para isso, eu contava com um excelente professor, além das transformações vertiginosas que estavam ocorrendo e que agiam como o detonador idôneo para propiciar qualquer mudança.

Um dos seguranças foi me pegar na igreja, não recordo se Villegas, Argudín, Castellanos ou Hermes, para depois ir buscar Che, que se encontrava em Cidade Liberdade. Este era um lugar obrigatório e, nesses primeiros tempos, passávamos muitas noites por ali, como fazia Camilo em La Cabaña.

Recordo que Camilo, para não perder a sua fama de apaixonadíssimo, chegou um dia à fortaleza e, na ausência de Che, começou a me perguntar sobre minha relação com ele. Eu lhe respondi, com um tom firme, que era apenas sua secretária. Então, para salvar a situação, me disse meio brincando que tinha vindo só para ver Che. Não passou disso, porque todos gostávamos muitíssimo dele e tomei o ocorrido como uma das suas tantas tiradas.

Em meio a tudo, a fortaleza de La Cabaña havia se convertido em um dos baluartes da revolução e Che começava a aparecer como um dos seus dirigentes mais capazes e carismáticos. Da tropa analfabeta e pouco preparada para os novos desafios, era preciso começar a selecionar os futuros quadros que o país necessitaria e, para isso, tinha-se que agir com firmeza, sem lhes deixar tempo livre.

Em poucos dias, La Cabaña se transformou em uma grande escola formadora e se criaram pequenas fábricas, continuadoras das fundadas por Che na serra Maestra e precursoras do seu futuro trabalho no processo de industrialização do país. Publicava-se uma espécie de revista com o nome de *Cabaña Libre*, que, em uma das suas páginas, tratava de temas culturais, e se organizavam eventos, aos quais compareciam importantes personalidades da cultura nacional, entre elas Nicolás Guillén e a declamadora Carmina Benguría.

Era um movimento incessante, que perseguia como objetivo central a formação do Exército Rebelde. Criaram-se escolas de alfabetização e aperfeiçoamento, com muito esforço e perseverança, porque não poucas vezes ocorriam evasivas e indisciplinas de soldados, que no combate foram exemplo de valentia e coragem e, no entanto, não eram capazes de entender a razão das novas exigências.

Para Che, isso significava um esforço em dobro, porque ao enorme trabalho cotidiano se somava a sua constante dedicação em tratar de resumir as experiências vividas, que serviriam de exemplo para os possíveis movimentos revolucionários que, como o cubano, estivessem dispostos a iniciar a luta de libertação nacional.

Essa foi talvez uma de suas facetas que mais impacto e espanto provocava, porque se sabia, até o momento, dos seus dotes de estrategista militar, mas nada sobre a sua formação teórica, apesar da fama de comunista que tinha conquistado em alguns setores.

Na realidade, para muitos o discurso que ele proferiu na Sociedade Cultural Nosso Tempo, a poucos dias do triunfo da revolução, representou o primeiro ponto de referência para amigos e inimigos. Nessa dissertação, delineou com total clareza as projeções do Exército Rebelde, na sua condição de vanguarda e de futuros quadros para a revolução, além de intentar uma análise na qual tratou de se aproximar de um enfoque marxista, até onde a situação do momento permitia. Esse foi o preâmbulo do que mais tarde formaria o seu legado teórico.

O importante para todos era o trabalho enorme e variado que tínhamos pela frente. Em janeiro, organizaram-se os Tribunais Revolucionários e iniciaram-se os primeiros julgamentos dos capangas da tirania, a partir do trabalho executado por uma comissão depuradora e investigadora, presidida pelo capitão do Exército Rebelde e advogado, o companheiro Miguel Ángel Duque de Estrada.

Este sempre foi um tema controverso e deturpado pelos nossos inimigos, apesar de que representou um ato legítimo de justiça revolucionária, no qual não interveio a crueldade nem a improvisação. Atuou-se com as normas processuais próprias destes casos e recordo que Che, embora não tenha assistido a nenhum desses julgamentos, nem tampouco presenciado os fuzilamentos, participou sim em algumas apelações e se reuniu com alguns familiares que iam pedir clemência, seguindo a nossa atuação humanista e de respeito para com o inimigo, ante uma decisão que, embora justa, não deixava de ser desagradável.

Oscar Fernández Mell, Adolfo Rodríguez de la Vega e Antonio Núñez Jiménez foram os ajudantes de Che em La Cabaña e se criou a Inteligência militar, a cargo de Arnaldo Rivero Alfonso, para atuar como uma espécie de controle da polícia sobre os soldados rebeldes.

Quanto a mim, o acúmulo de trabalho era enorme, porque me cabia sobretudo atender às necessidades e problemas pessoais dos soldados, segundo ordenado por Che, além de controlar a quantidade de personalidades e jornalistas que chegavam para tentar vê-lo.

Existem inumeráveis fotos da época que registram a presença de personalidades nacionais ou estrangeiras, como Herbert Matthews e Loló de la Torriente, e de um séqüito de mulheres de diferentes estratos e profissões, que solicitavam audiência para serem recebidas por Che. O cumprimento dessas funções motivou que eu conquistasse a fama de ciumenta e importuna, sem razão. Além disso, cabia a mim atender às futuras noivas ou esposas de ajudantes e seguranças.

Também nos visitavam os combatentes da luta clandestina. Eu acho que alguns faziam isso com o objetivo de conhecer de perto o "comunista" que tinha libertado Las Villas e outros para ver aquele que já era um lendário combatente, que, como Máximo Gómez, o generalíssimo das nossas lutas libertárias contra a metrópole espanhola, nascido na República Dominicana, tinha arriscado a sua vida pela conquista da independência tanto tempo escamoteada. Máximo Gómez, no seu tempo, e Che, quando do triunfo revolucionário, foram proclamados, segundo a nossa constituição, cubanos de nascimento.

Meu escritório provisório na residência era o meu próprio quarto. Recordo que o cachorro da casa não suportava os soldados. Nunca soube se só era com os nossos ou se era uma rejeição geral. Os antigos moradores não só deixaram o cachorro, mas também filmes das crianças e da família e alguma outra coisa que, na fuga, não foi possível levar. Quando abandonei La Cabaña a fim de me mudar para Tarará, levei comigo o cachorrinho, que permaneceu sob o nosso cuidado até a sua morte.

Comecei também a exercer a função de "tesoureira", utilizando um dinheiro que se tinha no fundo desde a etapa do Escambray, e cuja documentação e registros ainda conservo. Embora pareça surpreendente, essa era a austeridade com que agíamos: Che ordenou que fossem distribuídos dez pesos por soldado para as suas férias.

Eu igualmente despachava toda a sua correspondência pessoal. Inclusive recordo com nitidez que, por volta do dia 12 de janeiro, ele me deu para ler uma carta que enviava a Hilda. Nela, ele lhe comunicava oficialmente a sua separação, porque ia se casar com uma moça cubana que havia conhecido na luta.

Não sei ainda como entendi a letra. Perguntei-lhe quem era essa moça, e ele me respondeu que era eu. Sem mais comentários, entreguei a carta no aeroporto como era o estabelecido. Claro, a resposta de Che me impressionou, porque talvez fosse a que eu esperava, mas, ao mesmo tempo, me perguntava como era possível tal coisa, se nem sequer tinha comentado nada comigo. Muitas vezes achei que ele tinha razão quando dizia que me conhecia melhor que eu mesma.

Depois vieram outras cartas, entre elas a que ele enviou para a sua tia Beatriz e que foi tema de brincadeiras entre nós, não devido à notícia da sua separação de Hilda, mas porque a sua tia, de quem Che gostava muitíssimo, tinha criado um ideal do novo amor do seu sobrinho predileto e qualificado a minha origem social como "fazendeira", de acordo com os estratos oligárquicos do seu país. Embora inconsciente, era como uma zombaria. Quando mais tarde conheci seus pais, no aeroporto mesmo, a primeira coisa que o pai de Che lhe perguntou foi se eu era a fazendeira.

Por essa data, tudo já tinha mudado nas nossas vidas. Num dia de janeiro, em uma viagem que fizemos a San Antonio de los Baños, íamos sentados no banco traseiro e Che segurou a minha mão pela primeira vez. Claro, não houve palavras. Senti que o meu coração tinha saído fora do lugar, não sabia o que fazer nem o que dizer, mas me dei conta de que estava apaixonada, sem dúvida nenhuma.

Por isso, nesse janeiro inesquecível, quando ele entrou no meu quarto de La Cabaña, descalço e silencioso, consumava-se um fato mais que real e que, em tom de brincadeira,

Che qualificou como o dia da "fortaleza tomada". Empregou essa expressão como uma metáfora, porque, para tomar uma fortaleza, primeiro se faz um cerco a ela e, pouco a pouco, depois de estudar os seus pontos fracos, decide-se o ataque. Na realidade, isso foi possível porque eu estava muito mais apaixonada do que pensava e, sem hesitar, "me rendi" sem resistir e sem nada lutar.

* * *

Os acontecimentos se precipitaram. Seus pais chegaram no dia 18 de janeiro e fomos ao aeroporto recebê-los. Imediatamente o pai lhe perguntou quem eu era, e então Che me apresentou como a mulher com a qual ia se casar. Mais tarde, nos deslocamos para o hotel onde eles se alojariam. Foi, na realidade, muito emocionante, porque Che exalava felicidade por todos os seus poros desde o momento em que os viu. Existem fotos e uma pequena filmagem do encontro, em que Che aparece com uma expressão de alegria e sentimentos extravasados, depois de tantos anos de separação.

Durante a estadia dos seus pais, visitamos Santa Clara e também El Pedrero, aquele lugar que para mim marcou o momento decisivo, onde Che me convidou a "dar uns tirinhos" para não nos separarmos nunca mais.

No âmbito pessoal, nem tudo ocorreu de modo feliz. Anunciou-se a chegada de Hilda, no meio de toda essa efervescência, no turbilhão do cotidiano, onde não havia um lar constituído. Vivíamos uma vida de quartel. Os soldados de Batista ainda eram os nossos cozinheiros, os que faziam as compras e a limpeza, entre outras tarefas. E Che estava concentrado nas suas primeiras tentativas de aprender a pilotar um monomotor, com Eliseo de la Campa como professor. Eliseo foi sempre o seu piloto, além de dono do aparelho.

De repente, chegou a notícia de que Hilda estava para chegar. Che, que tinha uma viagem programada para a ilha de Pinos, ao saber, foi até o meu quarto para me contar tudo. Eu, doente de rubéola, estava deitada. Convidou-me para que o acompanhasse. No ato, me vesti e saí com ele.

Alberto Castellanos foi buscá-la. Os pais de Che a estavam esperando. De volta, não fomos apresentadas e, ao passar ao seu lado, examinei-a visualmente. Todas as minhas conjecturas anteriores caíram por terra e o meu ego se fortaleceu ao me convencer de que a pessoa que eu tinha na minha frente não podia ser, de modo algum, a minha rival. Só restava que Che decidisse.

Nesse momento, me senti menos culpada, se é que cheguei a ter alguma dúvida, porque fica provado em cartas escritas por Che do México para a sua família, quando eu ainda não era nem um sonho, que ele tinha decidido romper os seus vínculos com Hilda. Só era preciso superar um ou outro obstáculo colocado por ela. A disputa era lógica, se depois de anos a situação for analisada com mais serenidade e distanciamento, embora, claro, naquelas circunstâncias, eu não compreendesse isso do mesmo modo.

A vida continuou o seu curso normal. Íamos com bastante assiduidade ao recém-batizado Habana Libre (o moderno hotel Havana Hilton, em pleno centro da cidade), espécie de quartel-general das tropas rebeldes, por decisão de Fidel.

Num desses dias, em que Che costumava se reunir com Fidel no hotel, eu fiquei no quarto, recostada na cama, conversando com Celia Sánchez e Pastorita Núñez. Fidel entrou e me disse que eu estava ocupando o seu lugar. Claro que fiquei paralisada e me levantei imediatamente. Foi uma brincadeira, mas nessa época eu não o conhecia bem e interpretei aquilo como uma repreensão. Decididamente, o quarto sempre estava cheio, porque iam muitos companheiros que se dedicavam a diferentes responsabilidades para receber ordens ou indicações e, claro, deviam esperar pacientemente. Recordo que numa ocasião Augusto Martínez Sánchez se encontrava dormindo no chão, enquanto aguardava a sua vez.

Num outro dia, enquanto esperava sentada em uma cadeira ao lado da porta de saída do quarto, Fidel saiu precipitadamente com a sua escolta e, ao me ver sentada, parou um momento, olhou para mim me reconhecendo e perguntou, um pouco para se certificar, se eu era a garota de Che. Como é de se supor, a pergunta não me agradou e, cortante, respondi o habitual, que não, que era a sua secretária. Às vezes, eu dizia que era a sua ajudante, pois não era militar, era simplesmente uma guerrilheira reconhecida por todos os combatentes e que tinha Che como comandante. Na realidade, essa falta de definição fazia parte do muito que todos tínhamos que aprender a respeito de categorias e autoridades.

Em La Cabaña, recebi também um estímulo pessoal de Armando Hart, então nosso jovem e talentoso ministro da Educação. Muitos sabiam que eu tinha cursado o último ano de pedagogia na Universidade Central de Las Villas, de modo que Armando decidiu me outorgar o título de doutora em pedagogia, avalizado com uma "tese prática" sobre a mulher na sociedade, conquistada meritoriamente na guerra. Tenho de confessar que aceitei o título com muita satisfação porque acreditava merecê-lo.

Levando-se em conta a intensidade de acontecimentos, posso reconstituir nitidamente a visita de estrangeiros, entre eles uns haitianos que conversaram longamente com Che em busca de apoio cubano às suas tentativas de derrubar o regime ditatorial de Duvalier no seu país. Depois de muitos anos, posso entender que, em ocasião tão precoce como fevereiro de 1959, foram dados os primeiros passos para conhecer os movimentos de libertação e colaborar com eles, assim como com as forças progressistas do mundo, do que fui testemunha privilegiada.

Em virtude daquelas conversas com os haitianos, Che me enviou à região de Sumidero, em Pinar del Río, em companhia de Hernando López, capitão que tinha se unido a nós em La Cabaña. Hernando era um companheiro da luta clandestina em Havana e conheceu Che em Fomento, para onde tinha sido enviado pelo Movimento 26 de Julho para tratar de assuntos de propaganda. Existem fotos da sua viagem a Fomento nos dias finais da tomada dessa cidade e ele sempre lamentou não ter podido nos acompanhar em toda a campanha de Las Villas. Tanto Hernando como sua esposa, Gloria Pérez, permaneceram trabalhando sob as ordens de Che até a partida deste para o Congo.

Assim chegou fevereiro e com ele o meu aniversário, que não foi certamente muito agradável. Che já apresentava os sintomas de um enfisema pulmonar, seqüela dos tempos difíceis da guerrilha e da agitação dos primeiros dias do triunfo revolucionário. Nesse dia, Lolita Rosell veio me dar os parabéns. Eu me encontrava no quarto de Che sentada aos seus pés, conversando. Claro, nada dissemos minha amiga e eu para nos entender, pois o clima de intimidade falava por si só.

Posteriormente, nos primeiros dias de março, nos deslocamos para uma casa em Tarará, com o propósito de que Che se recuperasse, longe de tanto movimento e de infinitas tarefas. Acompanhavam-nos os seus seguranças, que eu considerava meus irmãos e que muitas vezes tive que defender diante de uma ou outra indisciplina, em uma espécie de cumplicidade cheia de afeto. Eu compreendia que não eram nada mais que jovenzinhos, camponeses, muitos deles das zonas mais recônditas do país, que não deixavam de se assombrar ante essa Havana majestosa de noites intermináveis e mulheres bonitas que os elevavam ao mais próximo da glória, e para tratar de alcançá-la, tarde da noite, levavam o carro e o deixavam correr ladeira abaixo para depois dar a partida. Quando Che me perguntava se eu tinha escutado algum barulho, imaginando talvez o que estava acontecendo, recebia como resposta a minha negativa. Não acho que acreditasse em mim totalmente, mas deixava passar.

Eu tampouco estava isenta de loucuras. Continuava dirigindo sem muita destreza, e muitas vezes era acompanhada por Roberto Cáceres (o Patojo), guatemalteco amigo de

Che dos seus tempos no México, recém-chegado a Cuba e que posteriormente morreu lutando pela libertação do seu país. Ainda eram tempos românticos, marcados pelo signo da juventude, e fazíamos coisas que talvez, em outras circunstâncias, não tivéssemos feito: uma camponesa e um guatemalteco guiando um imenso Oldsmobile da época, sem a menor idéia de como chegar aos lugares, mas que, ao final, confiantes na sua "sábia intuição", conseguiam.

Houve momentos de brincadeiras e de acontecimentos inesquecíveis, como quando Eliseo, o piloto de Che, teve a idéia de aterrissar em plena Tarará para espanto de todos, e um sem-fim de coisas mais, que, olhadas depois de tanto tempo, me fazem recordar de todos, Villegas, Hermes Peña, Argudín, Castellanos e outros, com sincero e profundo carinho.

A famosa casa de Tarará — que motivou uma carta desrespeitosa e com toda maledicência para Che, publicada na revista *Carteles* e devidamente respondida por ele — era simples, projetada com muito bom gosto, embora o mais significativo fosse que tinha pertencido a um inspetor de alfândega vinculado à ditadura, o qual supostamente só tinha direito a um modesto ordenado. A pergunta era de onde saíra o dinheiro para esses luxos na praia; assim viviam os usurpadores do dinheiro do povo.

Ainda que não tenhamos vivido nada mais que dois meses e alguns dias nessa casa, recapitular esse tempo me compraz extraordinariamente, porque, mesmo não tendo sido um lar definitivo, nem sequer de descanso propriamente — inclusive não tomamos banho de mar —, nos sentimos mais perto um do outro e pudemos ter maior intimidade. Ali recebi o primeiro presente que Che me deu: um frasco de perfume Fleur de Rocaille, de Caron, do qual, claro, eu nunca me esqueceria. Isto não significa que tivéssemos muitos momentos para nós, já que constantemente chegavam companheiros para trabalhar em tarefas que não podiam esperar, ou familiares dos fuzilados, e até a cunhada do "ilustre proprietário" da casa, porque, quando era habitada pelo seu ex-dono, nunca a tinham convidado.

Não obstante, era uma casa confortável, que permitia que do seu quarto Che realizasse os despachos. Não podendo viajar diariamente para La Cabaña, podia permanecer deitado todo o tempo e a mim me permitia que me movesse com inteira liberdade. Respirava-se ali um ar diferente e mais elegante e cômodo, por estar a casa rodeada de grandes janelas com vidros opacos e ter muita ventilação, já que se situava em uma pequena colina.

No andar inferior, entre outros detalhes, havia um escritório pequeno, isolado e situado na extremidade da casa. No andar superior, no amplo quarto ocupado por Che, havia móveis de linhas bem-feitas, um sofá pequeno com listras e um closet grandíssimo. Ao lado, havia um grande banheiro coberto de mármore, unido a outro closet. Depois vinha outro quarto, que era o meu dormitório, porque, como não estávamos casados oficialmente, devido ao meu atraso e aos meus tabus, aparentávamos dormir separados. Ao final do corredor, em toda a sua extensão, havia um grande dormitório, onde ficava a escolta, e uma pequena despensa.

Ao descer, dávamos com a sala de estar, lugar histórico, do qual se conservam fotos, porque ali foram discutidas, preparadas e redigidas as inumeráveis versões da primeira Lei de Reforma Agrária; depois, havia a sala de jantar recoberta com madeira e uma cozinha moderna que dava na garagem, onde recordo que havia uma pequena adega, para satisfazer o gosto dos antigos moradores.

Naquela época nos acompanhavam Téllez, del Sol, o cozinheiro Díaz e Castillo, todos provenientes de La Cabaña. Alguns dos companheiros citados fizeram parte da guarnição permanente das nossas diferentes casas. Ali também Che implantou um regime de disciplina, com professor e tudo, para que os soldados da escolta continuassem os seus estudos.

Claro que tudo nem sempre transcorria com total compreensão. Em um daqueles dias, Che recebeu uma visita de companheiros nicaragüenses e, para a minha surpresa, me mandou sair da reunião, coisa que não entendi, uma vez que o habitual era que eu estivesse presente, como tinha ocorrido com dominicanos, panamenhos e haitianos. Quando saí, comecei a chorar e pôr em dúvida a confiança que Che depositava em mim.

Depois me explicou que ia ser uma reunião muito complexa, onde tinha de dizer coisas muito desagradáveis que não queria que eu presenciasse, porque eles se sentiriam muito constrangidos. Estava realmente penalizado. Tudo isso, entretanto, me serviu também para entender o alcance futuro dessas atividades.

Se hoje eu me arrependo de alguma coisa é de não ter tido maior perspicácia para vislumbrar esse futuro e não ter me preocupado em fazer constar por escrito esses fatos, ainda que fossem breves anotações. É claro que nenhum de nós calculava a magnitude e o significado real do que estava ocorrendo e a importância desses contatos na preparação dos grupos que encabeçariam os movimentos de libertação no nosso continente. Como tampouco recebi a ordem de tomar nota desses encontros e reuniões, apesar de que sempre estive presente, tenho que lamentar isso mais do que nunca agora que quero relatá-los e sou consciente das limitações da memória devido aos anos transcorridos.

Enquanto isso, em Tarará, ganhava forma uma das leis mais esperadas pelo povo cubano: a Lei de Reforma Agrária. Muitas razões explicam que Che atuasse como uma espécie de coordenador do projeto. Desde a serra Maestra, Fidel tinha confiado a Sorí Marín e a ele esse trabalho, além de que, quando chegou ao Escambray, Che aplicava a reforma agrária nos territórios sob o seu comando.

Essas reuniões se tornaram cotidianas durante muitas noites. Fidel comparecia sempre que o tempo lhe permitia, sobretudo porque nessa época vivia em Cojímar. Também iam Raúl e Vilma, Núñez Jiménez, Oscar Pino-Santos, Alfredo Guevara, entre outros, para dar forma final ao documento que seria apresentado em maio daquele ano.

Lembro-me muito bem que Carlos Rafael Rodríguez também freqüentava a casa; passava praticamente a noite toda discutindo com Che e lhe tomava às vezes até a manhã. Eu estava presenciando o preâmbulo do que posteriormente se tornou uma das polêmicas teóricas mais significativas realizadas no mundo socialista e na qual ambos foram protagonistas de primeira ordem, embora, claro, faltasse muito para definir e fazer.

Nem tudo ocorria de modo agradável, e em Tarará me deparei com a alegria da minha primeira gravidez, mas também com a perda da criança e com a incompreensão de Che. Eu tinha ido a uma atividade no Capitólio, caí e à noite começaram uns sangramentos que fizeram com que, no dia seguinte, eu tivesse de realizar uma curetagem, em companhia de Fernández Mell, porque Che não quis me acompanhar devido à sua perturbação. Depois compreendi as suas razões, porque, se tivesse decidido me acompanhar, ninguém teria podido impedir o alvoroço que sempre se formava quando detectavam a sua presença, todos o rodeando e sendo quase impossível agir com naturalidade.

Esse fato circunstancial o contrariou muitíssimo. Ele pensava que eu o tinha provocado por causa dos meus escrúpulos, por não estarmos casados, e não pude convencê-lo do contrário. Isto impediu que eu ficasse de novo grávida até passados oito meses e faziam brincadeiras com ele de que parecia o xá do Irã, que não podia ter filhos. Esta pequena tormenta ocorreu por ocasião da visita do vice-primeiro-ministro soviético Anastas Mikoyan, no início de 1960.

No final de abril, o país se encontrava em plena ebulição porque seria festejado, pela primeira vez na história de Cuba, um Primeiro de Maio cheio de júbilo e de verdadeira expressão operária. Che então já se encontrava recuperado da sua doença, razão pela qual pudemos nos deslocar a Santiago de

Cuba para comemorar a data em companhia de Calixto García, Manuel Piñeiro e outros companheiros da direção da revolução.

Apesar dos anos transcorridos, ainda conservo claramente a imagem de um povo que desfila com alegria transbordante, de modo que, pela primeira vez, podia-se vislumbrar o amanhã. Os soldados rebeldes marchavam, não com fuzis para reprimir as massas como acontecia antes, mas misturados em uma onda humana, com instrumentos de trabalho, dispostos a enfrentar a construção de uma nova pátria. Era a expressão verdadeira do povo uniformizado, decidido a defender as suas conquistas.

Aproximadamente no dia 3 de maio, fomos a Las Villas, passando por Sancti Spíritus, onde nos encontramos com Camilo; esse foi o momento em que ambos trocaram entre si a boina e o chapéu, uma imagem tantas vezes reproduzida, que foi captada por um dos nossos repórteres.

Tivemos um encontro com a minha família, que eu não via com muita assiduidade, e até fiquei com eles por uns dias. Em outra ocasião, voltei sozinha e, no dia 29 de maio, não me esqueço da data, Che foi me buscar com a notícia de que Hilda já tinha assinado o divórcio e de que eu devia começar os preparativos para o casamento. Assim os meus pais também foram informados. Fomos juntos para Havana, desta vez para uma nova casa, uma espécie de chácara que tínhamos alugado na saída de Santiago de las Vegas, lugar aprazível e, ao mesmo tempo, apropriado devido à sua relativa distância da cidade.

Depois regressei a Santa Clara para mandar fazer o vestido de noiva, muito simples como é de supor, com uma modista amiga. Ocasionalmente, quando viajávamos a Santa Clara, eu ficava para dormir na casa de Lolita, a fim de tentar que os meus pais não se sentissem feridos nos seus tradicionais convencionalismos.

O casamento ocorreu no dia 2 de junho em La Cabaña. Pensávamos fazer uma cerimônia muito austera, porque Hilda inclusive tinha pedido a Che que a imprensa não fosse. Mas, quando Raúl Castro ficou sabendo, entregou-se à tarefa de organizar a festa. Eu me vesti na casa de Lupe e nos casamos na de Alberto Castellanos, que continuava vivendo ali. Tudo foi muito simples, sendo oficialmente convidadas pouquíssimas pessoas, e nós, em um cálculo equivocado, achamos que não ia se fazer nenhum tipo de brinde e que só um pequeno grupo de amigos compareceria.

As coisas se complicaram, porque no casamento estavam os envolvidos no plano, Raúl e Vilma, Celia e suas irmãs, a minha família e alguns amigos de Santa Clara, além de companheiros da Coluna. Mais tarde chegaram Camilo, Efigenio Ameijeiras, que era o chefe de polícia, a quem multaram por excesso de velocidade, e outros que, embora eu ainda não os conhecesse, compareceram e assinaram como testemunhas. Mas para Fidel ninguém tinha dito nada, devido à forma um pouco clandestina com que tinha sido preparada a festa, e ele chegou se queixando de que não o tinham convidado; também assinou, embora tenha se retirado pouco depois. Assim transcorreu tudo e, para completar, no outro dia saiu na primeira página de todos os jornais.

Na realidade, o casamento para nós dois era um ato natural, a culminação de uma primeira etapa nas nossas vidas, breve, marcada por sua intensidade e de plena satisfação e felicidade.

Terminada a cerimônia, partimos para Santiago de las Vegas, nosso primeiro lar de casados e onde transcorreu a nossa "lua-de-mel". Quando chegamos, Juan Almeida estava nos esperando para nos felicitar, conversamos um pouco e finalmente tivemos alguma privacidade. Tenho que afirmar isso assim, porque logo de manhã cedo Hildita chegou como um presente de casamento da sua mãe, que talvez tenha pensado que não seria do nosso agrado. No entanto, ela se enganava mais uma vez, porque Che, sempre que se encontrava com a sua filha, sentia-se muito feliz. Recordo-me inclusive que ele tirou algumas fotos, em uma das quais Hildita aparece com um gato que tínhamos na casa. Era o começo do cotidiano doméstico.

Se na casa de Tarará ocorreram momentos de especial singularidade, na de Santiago de las Vegas sucederam outros tantos de não menos importância; sobretudo porque a revolução avançava a passos acelerados e era necessário alcançar uma maior organização e a unidade de todas as forças.

Raúl Castro e Che mantinham reuniões periódicas com membros da direção do então Partido Socialista Popular (PSP), com um caráter muito secreto, sem divulgação. Nesses encontros, discutiam-se temas essenciais e as possíveis táticas e estratégias que era preciso começar a estabelecer para vencer o anticomunismo, presente em muitos setores de direita, e a reticência que se tinha com algumas figuras principais do PSP.

Confesso que o meu instinto campesino não me enganou e muitas vezes informei Che da minha desconfiança acerca de Aníbal Escalante[7] e outros que se aproximavam, inclusive na sua ausência, para tratar de me ganhar para a sua causa. Era uma espécie de conspiração dentro de outra ainda maior.

Também conheci Jorge Ricardo Masetti, que fundou, a pedido de Che, a agência Prensa Latina. Na realidade, a idéia original de Che era que eu assumisse a direção; ele me

---

[7]As principais forças revolucionárias contrárias à tirania foram, em primeiro lugar, o Movimento 26 de Julho e, junto com ele, o Diretório Revolucionário 13 de Março e o Partido Socialista Popular (PSP), as quais chegam separadas no momento do triunfo, embora, de fato, existissem a cooperação e o diálogo entre elas. Na nova etapa, o foco estava na unidade, como a necessidade inevitável a fim de unir o povo na luta por defender e consolidar a revolução. Na prática, desde 1960, começou a funcionar uma direção política integrada, cujo processo real de fusão se inicia em 1961. O dia 16 de abril desse ano, data da proclamação do caráter socialista da revolução, é tomado como um marco para o surgimento de um novo partido. Na constituição dos núcleos das Organizações Revolucionárias Integradas (ORI), desde os primeiros momentos, foram cometidos graves erros. Levando em conta a maior experiência organizacional do PSP, a secretaria de organização foi confiada a Aníbal Escalante, que tinha desempenhado a mesma função antes do triunfo revolucionário. Ele começou a utilizar essa posição-chave como instrumento de uma política sectária e de ambição de poder pessoal. Tratou de se converter no centro de decisão e na autoridade fundamental para a designação dos principais quadros do país. Aplicou a política de nomear quadros que provinham do PSP, e de relegar lutadores de grandes méritos que não provinham dessa força política. Este processo é conhecido como "sectarismo". No dia 26 de março de 1962, em uma intervenção pública, Fidel analisou os erros cometidos por Aníbal Escalante e demais responsáveis da política sectária aplicada e explicou a decisão da direção das ORI de retificar o processo de construção do futuro Partido Unido da Revolução Socialista de Cuba (PURSC), mediante a aplicação de um método de massas, antecedente direto do atual Partido Comunista de Cuba, criado em 3 de outubro de 1965, data em que se constitui o seu primeiro Comitê Central e se forma o Birô Político, e em que Fidel faz a leitura da carta de despedida que Che deixara antes da sua partida para o Congo. Aníbal Escalante, deposto do seu cargo, novamente se viu envolvido no processo conspiratório da chamada "microfração", em 1967, de modo que foi julgado e punido.

ajudaria, dada a sua experiência no México e na serra Maestra. A idéia não se cumpriu devido à minha insistente negativa, por não me achar com capacidade suficiente para conduzi-la. Talvez por isso eu sempre tenha admirado Haydée Santamaría, que, entre outros méritos, dirige a Casa das Américas não só com inteligência, mas também com uma fina sensibilidade.

Nesses meses de constante agitação, me ocupei um pouco da minha vida pessoal. Aprendi finalmente a dirigir, fazia exercícios, lia muito. Foi a época em que comecei a ler literatura russa e soviética. Pouco a pouco, fui me "avermelhando", sob a influência direta de Che, que exercitava a sua capacidade de persuasão de forma permanente. Cada vez mais, eu compreendia o seu caráter íntegro, sem hipocrisia, e a sua total dedicação. Tratava de me ensinar e de me convencer do meu equívoco acerca do comunismo, sem que eu sentisse nenhuma imposição. Falávamos de muitos temas e discutíamos alguns herdados da luta guerrilheira, como a importância da relação entre a planície e a serra.

Enquanto isso, Che continuava cumprindo as suas obrigações e preparando uma viagem, que desde o mês de maio ele já tinha sugerido a Fidel. Tratava-se de um itinerário pelos países que compunham o Pacto de Bandung — os que posteriormente se agrupariam no Movimento dos Países Não-Alinhados. Desde aquela época, Fidel valorizava a importância das nossas relações com estes países, pois, no caso de ocorrer uma agressão internacional, a sua colaboração na Assembléia

Geral da ONU seria decisiva, além de que nos permitiria negociar, em igualdade de condições, com vários dos estadistas mais capazes do mundo. Essa viagem foi aceita de imediato por Fidel e deu início a uma das atividades mais proeminentes realizadas por Che dentro da revolução, como portador da sua política externa.

Foi uma viagem difícil para mim. Che saiu de Cuba em 12 de junho, quando quase ainda estávamos recém-casados, e não regressou até setembro. Pela extensão do trajeto, pedi a ele que me levasse como sua secretária, o que ele desaprovou de maneira taxativa. Foi o momento em que comecei a conhecê-lo com maior profundidade, quando argumentou que, além de secretária, era a sua esposa e que a minha presença seria vista como um privilégio, porque os outros não podiam ter a companhia das suas mulheres.

Antes de nos despedirmos, fomos ver Fidel na sua casa e este também tentou convencê-lo de que me levasse, mas ele não aceitou. Começou, então, o meu choro, um choro do qual Che não me perdoou. Sem dúvida, foi um momento muito difícil para ele e eu o tornei pior. Durante o trajeto da viagem, o próprio Fidel insistiu e lhe propôs que eu fosse me encontrar com ele no Marrocos ou no Japão, e de novo Che disse não. Sobre este tema, as lições se manifestaram desde bem cedo. Desses dois países, me enviou uns cartões-postais que mostram o que ele experimentou nesse longo percurso. O primeiro, do Japão:

Minha querida,

Hoje vai de Hiroshima, a da bomba. No túmulo que você vê, há os nomes de 78 mil pessoas mortas, estima-se o total em 180 mil.

É bom visitar isto para lutar com energia pela paz.

Um abraço.

Che

E, ao final da viagem, do Marrocos, e em tom de brincadeira, já desejoso de regressar, me escreve:

Aleiducha,

Da última etapa oficial desta viagem, vai um fiel abraço marital. Pensava em ser fiel a você com o pensamento, mas aqui tem umas mouras que tornam isso difícil.

Beijos.

Che

Talvez um pouco para aliviar culpas, sempre me falava da possibilidade de que fizéssemos uma viagem ao México, para que eu conhecesse o país e os valores das culturas maia e asteca. Claro que tudo não passou de meras esperanças, sabíamos muito bem que não podia haver descanso para aquele que aspira a moldar uma nova sociedade; mas, de qualquer forma, sempre esteve latente o desejo de realizar uma viagem juntos.

Ao seu regresso de um trajeto de alcances históricos, Che retomou o ritmo habitual do seu trabalho. Em 7 de agosto de 1959, foi designado chefe do Departamento de Industrialização do Instituto Nacional de Reforma Agrária (INRA) e me convidou para trabalhar de novo com ele no escritório como sua secretária pessoal. A princípio, não lhe respondi afirmativamente, talvez para me fazer notar ou "me dar importância", mas, quando voltou para casa e me comunicou, em tom sugestivo e meio de brincadeira, talvez para forçar a minha decisão, que tinham lhe arrumado uma secretária muito bonita, no outro dia de manhã, a primeira a estar pronta era eu.

Em relação às minhas futuras funções, já existia um antecedente nos primeiros dias de janeiro, quando percorríamos Havana del Este e Raúl Castro perguntou a Che que patentes ele ia me dar e este lhe respondeu que nenhuma, porque eu ia ser a sua esposa. Talvez, da minha parte, tenha havido falta de vontade e decisão — para alguns, não muito compreensível. No entanto, passados vários anos, eu não me arrependo. Acho que isso nos uniu mais e contribuiu para consolidar nossa relação, sendo bom sobretudo para Che, que durante muito tempo permaneceu sozinho por vontade própria e então se encontrava com uma nova vida.

Era como uma espécie de complemento daquilo que ele nunca tinha tido: o lar com nossos filhos e os sonhos por alcançar. Não me importava absolutamente aparecer nas fotos. Meu anonimato voluntário e o prazer de estar sempre ao seu lado faziam parte da minha realidade, talvez por ter intuído o escasso tempo com que contávamos para permanecer juntos. Tenho consciência da alegria que esses instantes, às vezes rápidos, lhe proporcionaram. Em momentos de retrospecto, como quando me escreve de Paris em janeiro de 1965, comenta:

> Decididamente, estou ficando velho. Cada vez estou mais apaixonado por você e me atrai mais a casa, os garotos, todo o pequeno mundo que mais vislumbro do que vivo. Nesta provecta idade mental que carrego, isso é muito perigoso; você se faz necessária e eu só sou um hábito...

Quando cheguei ao escritório pela primeira vez, apesar do que Che tinha comentado comigo, me surpreendi ao topar com uma moça bonita e muito arrumada à moda daqueles tempos. Logo perguntei quem era e o que fazia ali. Explicaram-me que Lupe, a esposa de Núñez Jiménez, então diretor do INRA, a tinha levado como secretária. Ato contínuo, determinei que a mandassem embora imediatamente, porque a única secretária de Che era eu. Todos os companheiros souberam guardar segredo e fingiram que eu não tinha participado daquela decisão.

Quando Che chegou, disse em tom gozador que eu havia lhe tirado a secretária e que tinha feito mal, porque ele não mandava no INRA. Esta dúvida em relação à minha participação na saída daquela moça se tornou interminável, até a Tanzânia, onde sempre vinha à tona o tema do meu ciúme, que eu qualificava de "sexto sentido". Quando, nos últimos tempos, já não me comportava assim, chegou a me censurar por eu não ser tão ciumenta como antes — era que não se dava conta de que eu estava mais segura dele. Sobre o caso da secretária, claro, por fim cedi e reconheci que tinha tomado a decisão, mas insisti que, evidentemente, era uma decisão muita acertada.

Apesar desses detalhes e da minha fama de ciumenta, nas minhas funções de secretária pessoal nunca li as suas cartas privadas e isso ele sabia de antemão, porque me conhecia o suficiente para não duvidar nem um instante do meu comportamento. Um dia, inclusive, um companheiro perguntou para Che por que tinha me posto como secretária, como ia trabalhar com a sua mulher. Ele, em tom jocoso e sem nenhum complexo, lhe respondeu que era a sua decisão e que em absoluto o incomodava trabalhar comigo. Dessa forma, liquidou o problema, pelo menos de forma franca.

O trabalho se multiplicava em consonância com o decreto estabelecido pelo governo revolucionário no artigo 3 da Lei nº 851, de 6 de junho, quando se designa o Instituto Nacional de Reforma Agrária (INRA) como organismo que teria sob a sua responsabilidade, "através do Departamento de Industrialização, a Administração de Engenharia e, por meio do Instituto Cubano do Petróleo, todas as faculdades inerentes à função que lhes sejam confiadas para a administração dos bens ou empresas objeto das expropriações que se dispõem [...]". Ou seja, percebeu-se a necessidade de impulsionar uma série de indústrias que, com a intervenção, passaram ao INRA.

Nessa etapa, foram feitos os primeiros planos para a industrialização, dado o objetivo fundamental de criar empresas que economizassem divisas e fabricassem uma série de artigos necessários para o nosso consumo. A respeito disso, Che chegou a afirmar que "atualmente o nosso esforço máximo é a criação de uma indústria que substitua a importação e chegamos à conclusão de que há seis ou sete direções nas quais é preciso colocar muita ênfase. Uma delas é o combustível, em todas as suas fases, mas fundamentalmente naquilo que diz respeito ao petróleo [...]".

Che também privilegiou de maneira especial o níquel, levando em conta as grandes reservas com que contávamos e as fábricas existentes que tinham sido construídas e exploradas pelos norte-americanos na província de Oriente. Devido à sua tecnologia, para colocá-las em funcionamento era necessário um sistema especial que nós não conhecíamos e que os ianques, depois da expropriação, se negavam a compartilhar conosco. No início, necessitava-se, além de capacidade, pôr alma e coração, coisas que Che tinha de sobra. Nesse empenho, contou com a ajuda inestimável do engenheiro Demetrio Presilla, o único dos técnicos antigos que tinha ficado em Moa. Dada a importância da tarefa, íamos quase todos os fins de semana para a região mineira, esforço que se viu coroado com a ativação da fábrica, resgatada para o desenvolvimento econômico do nosso país.

Um dos momentos mais emocionantes dessa etapa ocorreu quando Che entrou em contato, pela primeira vez, com os mineiros e conheceu o grau de exploração a que tinham sido submetidos nos anos de neocolonialismo, em que o seu nível de vida era baixíssimo — apesar do enorme esforço que faziam —, a sua alimentação era escassa e não tinham nenhuma formação escolar.

Era um setor muito desconhecido e de pouca relevância dentro do esquema econômico imperante no país, o que fazia com que o trabalho se caracterizasse por um enorme abuso e nulos benefícios. Pouco a pouco, foram sendo tomadas medidas não só para humanizar o trabalho, mas também para dignificar estes seres humanos: com rapidez, atribuiu-se uma dieta adequada para eles, construíram-se refeitórios operários e moradias decentes. Era a obra enaltecedora da revolução, que os mineiros de então guardam com muito zelo e amor, porque, pela primeira vez, foram tratados como seres humanos. Exemplo disso se pode apreciar em Imías, uma das zonas mineiras mais atrasadas e que, graças a esse esforço, foi convertida em um importante encrave. Existem fotos tiradas por Che das suas visitas ao lugar.

No Departamento de Industrialização do INRA, trabalhavam José Manuel Manresa, como chefe de gabinete, e o Patojo, como uma espécie de ajudante. Alguns latino-americanos já começavam a colaborar no departamento, sobretudo economistas: Juan Noyola, Carlos Romeo, Jaime Barrios, Álvaro Latoste, Raúl Maldonado e outros, que depois continuariam com Che no Banco Nacional.

A maioria estava ali como colaborador e assessor no projeto de criação de um futuro Ministério da Indústria, mas imediatamente eles se aplicavam com esmero na nacionalização de fábricas, na cobrança de impostos, atendimento de queixas ou a grandes fabricantes, tanto de engenhos açucareiros quanto de fábricas de charuto, como era o caso de Partagás, que mandava o seu procurador. Por essa época, começava a se dar atenção ao complexo mineiro de Moa, devido à sua importância estratégica para o país.

Dentre as atividades que Che executou nesse primeiro ano inesquecível, encontra-se a construção da Cidade Escolar Camilo Cienfuegos em El Caney de las Mercedes, por parte daquela que fora a Coluna invasora sob o seu comando. Essa Coluna foi dividida nos meses de junho e julho, e enviou-se uma seção para Oriente e outra para Santa Clara, com o objetivo de integrar o Batalhão Tático.

Com a construção da Cidade Escolar, Che viu realizado um dos seus grandes sonhos e um dos seus principais projetos. Apreciava plenamente as visitas que fazia ao lugar, assim como as sessões de trabalho com os seus companheiros. Muitas são as histórias que se recordam e permanece o registro fotográfico das inumeráveis visitas efetuadas.

Em 26 de novembro de 1959, com a sua nomeação para presidente do Banco Nacional, ocorre outra mudança de domicílio, desta vez para Cidade Liberdade, porque se entendeu que o trajeto que se precisava percorrer, de Santiago de las Vegas à cidade, era muito perigoso. Na fortaleza vivia Raúl com Vilma e outros companheiros, que, devido às suas funções, tinham que morar nas suas dependências.

Embora quase um ano tivesse transcorrido, vivia-se em uma enxurrada de funções, algumas das quais nada tinham a ver entre si, o que dá a medida do intenso trabalho nesse tempo. O G-2 começou a ser concebido, para garantir a segurança do Estado, ação que, na sua etapa formativa, esteve estreitamente vinculada a Che. E ele se encarregou de atender às primeiras delegações que nos visitaram vindas dos países socialistas, sem deixar de desempenhar todas as tarefas que anteriormente tinham lhe atribuído.

Che resolveu um ou outro problema com os membros da escolta, como aconteceu com Villegas, que deixou escapar um tiro e provocou a morte de outro companheiro, quando a bola ricocheteou contra a parede. Che o enviou detido a La Cabaña, para cumprir a pena correspondente, estabelecendo o precedente de que a disciplina vinha em primeiro lugar, sem concessões de nenhum tipo.

O trabalho do Banco Nacional acabou sendo muito intenso, porque na realidade se tratava de criar uma nova imagem do seu funcionamento e dos seus objetivos, requerendo, para isto, um esforço enorme e muito tempo. De forma imediata, Che ditou um conjunto de medidas, com o empenho de evitar a fuga de divisas; entre elas, a decisão de romper os vínculos com o Fundo Monetário Internacional, ao qual Cuba pertencia e ao qual devia fornecer 25 milhões de dólares; a liquidação do Banco de Desenvolvimento Econômico-Social (BANDES), assim como da Financeira Nacional e do Banco Cubano de Comércio Exterior, todas instituições que representavam uma carga para o erário nacional.

De igual forma, ordena-se a um funcionário do Banco Nacional de Cuba sacar o ouro físico depositado nos Estados Unidos e nacionalizam-se os bancos norte-americanos no país: o Chase Manhattan Bank, o First Nacional Bank of Boston e o City Bank of New York. Nessa mesma direção, aprova-se a lei para estatizar os bancos nacionais e estrangeiros, com a única exceção dos bancos canadenses; estatizam-se 44 empresas bancárias com as suas 325 agências, em 96 localidades do país; inicia-se a compra dos bancos canadenses existentes e estabelece-se uma troca de moeda, que se realiza com êxito em agosto de 1961. Este processo pôde ser efetuado graças aos primeiros contratos estabelecidos com os países socialistas em 1960, em particular com a Tchecoslováquia, onde se efetuou a impressão das novas notas com a assinatura de Che.

Todas essas ações foram executadas da sede do Banco Nacional, que contava com um pessoal muito reduzido. Entre este pessoal, encontrava-se, como era habitual, José Manuel Manresa; uma secretária bilíngüe muito qualificada, chamada Luisa (cujo sobrenome não consigo lembrar); eu, como secretária pessoal; e um grupo de apoio, especialistas do banco que contribuíram para o seu funcionamento. Tive que fazer algumas mudanças, porque o tapete do escritório causava alergia em Che e foi preciso substituí-lo por um piso de linóleo.

No geral, foi um período muito agradável, apesar do enorme trabalho que tínhamos. Nós nos sentíamos como uma pequena família. Tomávamos o café-da-manhã e comíamos nos fundos da presidência, sem um horário fixo, e de madrugada aproveitávamos para tomar um chocolate quente com torradas. Sempre contamos com a presença de um ou outro latino-americano, com comentários pessoais ou de outros temas de interesse, que faziam a noite muito agradável e nos ajudavam a nos conhecer melhor; entre eles, estavam Carlos Romeo, Jaime Barrios, Raúl Maldonado, José Santiesteban e o cubano Salvador Vilaseca, que, além de colaborador, se converteu no professor de matemática de Che e o acompanhou até a etapa do Ministério da Indústria.

Dentre as visitas que eu distingo com maior nitidez, encontra-se a da delegação soviética, encabeçada por Eugenio Kosarev, fiel amigo de Cuba e de Che. Há coisas que nunca se esquecem, embora eu não saiba a estas alturas onde se arranjou a máquina de escrever com os caracteres russos para poderem redigir os relatórios que deviam ser mantidos atualizados. Talvez tenha participado nisso Jaime Barrios, um dos colaboradores chilenos, que morreu junto com Salvador Allende nos trágicos acontecimentos de La Moneda, em 11 de setembro de 1973, ainda que eu esteja quase certa de que foi Graciela Rivas quem a conseguiu. Ela era uma figura muito eficiente, era a procuradora de Manuel Aspuru San Pedro e sempre tratou de colaborar conosco, embora eu também esteja convencida de que simpatizava muito com Che...

É nessa época que Che começa a comparecer às recepções oficiais, porque entendia que era um compromisso inevitável e uma escola de formação para os novos quadros da revolução. Na verdade, ele se chateava muitíssimo quando algum companheiro não comparecia, por considerar isso parte das suas funções. Como sempre, ia vestido com o seu uniforme verde-oliva, que à noite já tinha sofrido o rigor do trabalho de todo o dia, reuniões, atos, em suma, as tarefas cotidianas. Ao rememorar essa imagem, me vem à memória uma recepção na qual compareceu Regino Boti, nosso ministro da Economia, dono de um grande senso de humor, que me chama muito misteriosamente e comenta algo que me fez rir muitíssimo: fazendo-se de admirado, elogia a elegância de Che nessa noite. Olhei Che de cima a baixo, fiz uma inspeção em suas botas, que estavam como sempre; em seu uniforme, um pouco amarrotado, e, enfim, me pareceu que não havia nada diferente. Ingenuamente, lhe pergunto em que se baseava a elegância e ele me responde: "olha, ele tem *três* canetas no bolso." Foi um momento realmente simpático, porque assim era Boti, que sempre demonstrou a sua amizade por Che.

Muitas vezes, quando à uma da madrugada nos dispúnhamos a ir embora para casa, Alberto Bayo chegava para jogar uma partida de xadrez, o que tomava uma boa parte da noite. Claro, eu já conhecia os poucos prazeres que Che se permitia e não os estorvava absolutamente, embora no geral isso nos deixasse de mau humor, porque na maioria das vezes saíamos do banco a altas horas da noite ou ao romper o dia.

Em meio a tudo, Che sempre conseguia um tempo para saber dos avanços construtivos da Cidade Escolar Camilo Cienfuegos. Íamos toda semana, e sempre nos acompanhava Eliseo, que, apesar da sua perícia, não estava isento de um ou outro contratempo, como no dia em que fomos surpreendidos por uma tempestade que, por pouco, não derruba o monomotor. Depois da morte de Camilo,[8] proibiu-se voar neles e passou-se para um Cesna de dois motores.

---

[8]Camilo Cienfuegos (1932-1959). Expedicionário do *Granma*. Como comandante do Exército Rebelde, conduziu até a zona norte da província de Las Villas a Coluna Invasora número 2 Antonio Maceo, com a qual participou na ofensiva final contra a tirania. Foi designado, em 1959, chefe do Exército Rebelde. Faleceu em um acidente aéreo em 28 de outubro de 1959 quando regressava de Camagüey, para onde tinha se deslocado a fim de solucionar a delicada situação política criada pela traição de Hubert Matos, comandante rebelde, no comando do governo da província e contrário, desde os primeiros momentos, às medidas revolucionárias a favor do povo. A busca por Camilo ocorreu durante vários dias, em uma espera angustiante para todo um povo que não se resignava com a sua perda.

Para Che, estas viagens no pequeno avião tinham vários propósitos, além do prazer que sentia ao voar, incluindo pilotar, coisa que fazia quase sempre. Ocasionalmente, voltava de novo pela rota da invasão, tratando de recuperar e rememorar a história vivida e que tão bem expressou em *Passagens da guerra revolucionária*.

Quando chegávamos à obra, Che parecia realmente feliz, controlando tudo, pois se sentia responsável e falava com os soldados da sua Coluna para conhecer os mínimos detalhes. Em uma ocasião, ficamos uma noite para dormir e o fizemos em um beliche; ele, claro, em cima e baixava a mão para segurar a minha, até que assim adormecemos. Além do trabalho, eu sentia aquilo como um passeio muito grato.

Em uma das últimas visitas, nos encontramos com Sidroc Ramos, nomeado diretor, e sua esposa, Berarda Salabarría, que trabalhavam na organização da escola e que estavam esperando a chegada dos seus filhos. Foi um momento emocionante para todos quando, de longe, viu-se chegar uma coluna de crianças que desciam com Isabel Rielo, capitã que tinha dirigido o pelotão Mariana Grajales, integrado por mulheres combatentes na serra Maestra; para mim, especialmente, tinha um sentido muito comovedor, talvez pela minha própria origem campesina e por pensar também no que significou a separação da minha família quando me coube fazê-lo.

Se ao menos eu tivesse um mínimo de talento para pintar, expressaria o fato em uma obra, porque era realmente bonito ver todas aquelas crianças virem de tão longe, de campos nos quais nunca se pensou, nem remotamente, em estudar. E ver que os pais concordavam com a educação dos seus filhos, por confiar na nova Cuba que estava nascendo.

Escutar essas vozes assombradas dizer que as estrelas estavam muito pertinho, quando se instalava pela primeira vez a luz elétrica, enchia todos de satisfação, e em particular Che, que se sentia muito estimulado diante do que considerava a sua obra, a obra da revolução. Estava verdadeiramente realizado.

Em novembro desse ano, compareci ao Congresso Latino-Americano de Mulheres, no Chile, como parte da numerosa delegação cubana, composta por mais de oitenta companheiras de todos os estratos sociais. Vilma encabeçou a delegação por decisão do governo revolucionário, por não existirem ainda as organizações de massas. Foi, pode-se dizer, uma ante-sala do que seria a Federação de Mulheres Cubanas (FMC).

Realizou-se um trabalho prévio muito sério, por meio de comissões temáticas, com o objetivo de explicar a incipiente obra da revolução. Muitas das exposições que se fizeram eram expressão da nova experiência de uma verdadeira revolução popular, que constituía uma contribuição para as causas mais justas do continente.

Che se despediu de nós no aeroporto, convencido da importância e significação desta viagem para todas, e para mim, a minha primeira para o exterior. Nisso não se enganou, porque a nossa chegada foi um acontecimento para todos. Os jornalistas nos assediavam a cada passo, nos interrogavam sobre o que estava ocorrendo no país, e eu apareci na primeira página como a senhora Guevara. Constituiu uma espécie de escola, porque conhecemos muitos dirigentes sindicais de diferentes países e defendemos as nossas posições com muita força e convicção. Era a espontaneidade e o frescor da nova revolução.

Quando caminhávamos pelas ruas, aproximavam-se de nós, perguntavam pelo desaparecimento de Camilo, pelas mudanças que estavam ocorrendo, em suma, um verdadeiro sucesso. Conhecemos Salvador Allende, comemos na sua casa com a maioria dos chefes das delegações, e, para mim, isso constituiu o meu primeiro olhar para aquele mundo da diplomacia, tão desconhecido das que se encontravam presentes, tanto das latino-americanas em geral quanto das cubanas. Não demos importância a nada, porque sabíamos, desde então, que contávamos com um grande amigo. Só me ficou uma dívida: não pude conhecer Pablo Neruda, um dos poetas preferidos de Che.

Efetuamos o nosso regresso por Lima, onde pudemos ver alguns edifícios coloniais da cidade, com os seus preciosos balcões e o seu estilo majestoso. Estávamos desejosas de chegar, contar as nossas experiências e, sobretudo, nos reencontrar com os nossos respectivos companheiros; eram tempos em que a maioria não desejava uma separação longa.

Esse interminável mas ao mesmo tempo inebriante ano chegava ao seu fim, com muitas satisfações e com os desejos multiplicados por ampliar os caminhos e horizontes da obra que era o centro de todo o nosso interesse, a revolução em si.

Em 31 de dezembro fomos para a casa dos nossos amigos Haydée Santamaría e Armando Hart, a fim de compartilhar em família a nossa primeira festa. A alegria de todos era transbordante, incluindo a anfitriã, que tinha decidido que o seu aniversário, a partir desse momento, seria celebrado sempre nessa data.

Che começou a dançar com Adita, a irmã mais nova de Haydée, mas só ficou na intenção, dados os seus escassos dotes na matéria: fez isso a modo de diversão e principalmente como uma mostra do prazer que sentíamos. Regressamos para casa às seis da manhã, daquele que seria também um ano carregado de trabalho e satisfações.

Ao olhar retrospectivamente para o ano de 1959, estou certa de que foi um tempo de mudanças profundas nas nossas vidas; tivemos que abandonar resíduos de um passado que lutava para não desaparecer. Era uma espécie de escola, em plena ebulição, na qual se sofria a ausência e o ressentimento de amigos que tínhamos sentido muito próximos e que, de repente, davam as costas.

No geral, foi um ano de muitas expectativas, em que nunca me pus a pensar o que fazia ali. Parecia-me muito natural encontrar-me ao lado de Che e vivendo, não sei se o romance com que tanto sonhei, mas os momentos mais plenos da minha existência, porque, desde que me uni a ele, nunca duvidei de que esse era o meu lugar. Além disso, cada dia que passava, eu o notava mais admirável pela sua entrega, lealdade e segurança para iniciar qualquer empresa que lhe incumbissem, ao mesmo tempo que crescia o meu amor por ele. Para ambos, esse sentimento foi se fortalecendo à medida que passava o tempo e nos identificávamos mais.

Anos depois, em 1965, no último ano das suas prolongadas viagens, com saudades me enviou, como tinha se tornado costume, um cartão-postal do Egito, prova eloqüente da nossa comunicação:

Senhora,

Por estas duas portas, escapou a solidão e foi buscar você na sua ilha verde.

Não sei se algum dia poderemos estar de mãos dadas, rodeados de crianças e admirando o panorama de algum vestígio do passado; se não pudermos, sonho isso por você.

Beija-lhe respeitosamente a mão,

o seu maridinho.

VII

Esse primeiro ano nos traçou um caminho árduo e delicado pelo qual estávamos dispostos a transitar para construir o futuro. Aqueles que, como eu, careciam de uma cultura política avançada — tal carência só compensada pelo imenso desejo de agir — foram se dando conta de que a tarefa que propunham para si mesmos era extremamente difícil e coalhada de complexidades. Era preciso saltar e vencer obstáculos e, sobretudo, romper com peias e esquemas, que se esforçavam em não desaparecer e impediam, ocasionalmente, o curso adequado dos planos.

Para mim, as coisas foram mais simples. Eu contava com a presença permanente de alguém que contribuía de diversos modos para que fosse entendendo paulatinamente as mudanças; um professor capaz não só de transmitir, mas de ensinar com o seu exemplo diário.

É óbvio que, nesta aprendizagem, não estava incluído como agir em facetas tão complexas e cotidianas como eram as de conjugar as funções de esposa, mãe e trabalhadora ao mesmo tempo. Era preciso transitar aceitando riscos e dificuldades.

O princípio do ano de 1960 nos recebe com a ansiada notícia: a gravidez de meu primeiro filho. Necessitei, no início, de uma atenção controlada pelo doutor Celestino Álvarez Lajonchere, que se converteu, desde então, no ginecologista dos meus partos, além de contar com a assistência de Fernández Mell, nosso médico e amigo de diversas batalhas, e com a ajuda, nesses meses iniciais, de Celia, a mãe de Che, que se encontrava passando uma temporada na nossa casa.

Recordo que, em meio ao repouso prescrito, tive que ir a Santa Clara porque o meu pai havia infartado. Assim que Che, que se encontrava presidindo uma reunião muito importante, soube, preocupado com o meu estado de saúde, disse para Eliseo que me levasse no avião.

No outro dia, Che se uniu a nós para ver o meu pai e, mais tarde, seguros de que tinha superado a sua doença, retornamos a Havana. Sempre volta a recordação de estar ao lado da cama em que o meu pai permanecia, prodigalizando-lhe a atenção que só uma filha pode proporcionar, quando de repente senti atrás de mim uma voz que fez com que eu me virasse: era Che, que tinha deixado tudo para estar comigo nesse momento. Dentro do turbilhão constante, impunha-se o cotidiano familiar com os seus bons e maus momentos.

Por essa época, os planos de fazer da antiga fortaleza militar de Columbia uma imensa escola estavam se concretizando com o auge da Cidade Escolar Liberdade. Isso obrigou muitos de nós que vivíamos no lugar a nos mudar das suas dependências.

Outra vez nos instalamos nessa espécie de casa-guarnição que nos era familiar desde o triunfo da revolução. Era uma casa confortável, situada na rua 18, entre a 7ª e a 9ª avenidas, Miramar, e na qual nos estabelecemos de abril de 1960 a outubro de 1962. Se levarmos em conta o tempo transcorrido, na realidade foi relativamente breve. No entanto, a magnitude dos acontecimentos, tanto no plano pessoal quanto no histórico, deixou uma marca profunda nas nossas recordações: os bombardeios aos aeroportos de Cidade Liberdade, em Havana, e San Antonio de los Baños e Antonio Maceo, em Santiago de Cuba; a invasão mercenária da baía dos Porcos; a Crise dos Mísseis, todas ações inimigas que já pressagiavam como seria difícil o enfrentamento com os Estados Unidos. Por sua vez, davam-se os primeiros passos organizativos para a criação da Segurança de Estado — localizada, nesses tempos, ao lado da nossa casa —, que sempre contou com o apoio de Che.

Apesar do assédio que tínhamos de enfrentar, continuávamos o ritmo das nossas vidas, e, no plano pessoal, ocorreu o nascimento dos nossos primeiros filhos: Aleidita, em 24 de novembro de 1960, e, em 20 de maio de 1962, Camilo, o ansiado menino.

Em 1960, Che continuou à frente do Banco Nacional e do Departamento de Industrialização do INRA. Em agosto desse ano, tornou-se efetiva a nacionalização das indústrias, prolegômenos do futuro Ministério da Indústria, do qual ele seria titular. De igual forma, intensificavam-se as atividades políticas, tanto no plano nacional quanto no internacional, e aumentava a sua participação na defesa do país à frente da região ocidental.

Em outubro desse mesmo ano, partiu em missão comercial: um périplo que se estendeu até a China, com o objetivo de assinar os primeiros convênios que foram estabelecidos com os países socialistas.

Antes da sua partida, discutimos sobre o nome que daríamos ao nosso primeiro filho e, tendo descartado o de Ernesto — Che estava convencido de que seria menino — porque nos parecia um prolongamento evidente demais, decidimos chamá-lo Camilo, devido ao afeto que ele sempre teve pelo seu amigo e companheiro de luta. Ainda ressoam nos meus ouvidos as suas palavras: "é a combinação de dois guerrilheiros."

Não previmos então o nascimento de uma menina. Em tom jocoso e com a ironia habitual, me enviou um telegrama no qual dizia que, se fosse menina, eu a jogasse pelo terraço. Estando em Xangai, nasceu a menina, que não teve nome até que Che chegou da sua viagem, porque nenhum dos dois tinha falado de um nome possível no caso de ser mulher. De Xangai, me enviou um cartão-postal:

> Eu fiquei sabendo nesta cidade, cujo nome você poderia ler embaixo da nova aquisição.
>
> Você sempre empenhada em me fazer ficar mal.
>
> Bom, de qualquer maneira, um beijo para cada uma e lembre-se: está feito; agora coragem.
>
> Abraços.
>
> Che

Quando ele regressou, e com um edredom de presente, algo bastante excepcional, foi que decidiu chamar a menina de Aleida, nome que lhe parecia muito musical, segundo me disse — e eu não quis indagar muito a este respeito, já que conhecia o seu ouvido para a música. Para mim, foi mais importante ter me dito que, em uma ocasião antes do nosso encontro, havia escutado pelo rádio esse nome e que gostava dele desde então; foi quando deram a notícia da morte da combatente revolucionária Aleida Fernández Chardié, assassinada pela ditadura de Batista.

Em seu retorno da missão, Che já tinha uma visão mais concreta, embora parcial, do que estava acontecendo nos países socialistas que visitou e começou a se interrogar sobre algumas diferenças que existiam entre uns e outros, sobre o modo como enfrentavam a transição socialista.

Mostrou-se muito entusiasmado com o que tinha apreciado na China, admirado de como estavam trabalhando e da forma como encaravam as soluções nos diferentes níveis do seu desenvolvimento, pois, nas suas comparações, partia da fome da qual tinham saído fazia apenas onze anos. Dava como exemplo os sistemas de trabalho que aplicavam, os seus métodos e dedicação à construção do socialismo, e sempre dizia que a China era uma espécie de museu da humanidade, onde se podia ver desde um implemento atrasado até o mais moderno, empregados com total eficácia. Estas mostras de entusiasmo lhe valeram, um tempo depois, os qualificativos de pró-China e maoísta. No entanto, as suas avaliações passavam somente pelo seu desejo de encontrar um caminho certeiro e válido naquilo que ele sabia iria ser a coisa mais difícil que a revolução cubana empreenderia: a decisão de construir o socialismo no nosso país.

Em contraste com essas apreciações positivas sobre a China, pôde se dar conta de algumas falhas que se experimentavam na URSS, como as prebendas que alguns dirigentes tinham. No entanto, pôde captar o espírito da sua gente e da sua revolução e assim me fez saber disso:

> Minha querida,
>
> Aproveito uns momentos no agitado trajeto por Stalingrado para lhe mandar o consabido cartão-postal.
>
> Realmente aqui uma pessoa fica diante de uma das maiores epopéias da história.
>
> Sigo dentro de dois dias para a China.
>
> Beijos.
>
> Che

Observou a mesma coisa em Praga, cidade de infinita beleza. Apreciou o seu esplendor arquitetônico, mas percebeu também que os seus hotéis assemelhavam-se a uma vitrine, com mulheres que pareciam de estratos da antiga sociedade e que se dedicavam a exercer a prostituição — algo que ele sempre repudiou.

Em um ritmo acelerado, terminou o ano de 1960, cheio de planos e projetos, muitos dos quais Che e Fidel compartilharam em 31 de dezembro na nossa casa — uma prática não freqüente, mas que expressa a empatia que existia entre eles. Era a familiaridade de uma amizade profunda, forjada no calor da luta, de dois grandes criadores de sonhos.

Em março de 1960, fundou-se a Federação de Mulheres Cubanas, organização que, sob os cuidados permanentes de Vilma Espín, desempenhou um papel importantíssimo na inserção da mulher cubana nas tarefas e nos desafios que a revolução estava demandando. Além de varrer as chagas de um infame passado de desigualdades e humilhações, era preciso lutar pela incorporação plena da mulher, sem empecilhos nem restrições, e, para conseguir isso, se tornava necessário um movimento que fosse impulsionador das mudanças.

As metas que nos propúnhamos não eram nada fáceis, porque era preciso combater o machismo imperante, que freava a incorporação da mulher às atividades fora do lar, e a ignorância de uma parte da massa feminina, muitas delas analfabetas ou com um nível cultural baixíssimo.

Nada disso foi impedimento para empreender um caminho do qual nos sentimos plenamente satisfeitas, devido ao imenso papel que, em todos estes anos de revolução, a mulher cubana desempenhou. Muitos exemplos ao longo desse período confirmam isso, mas só mencionar o trabalho de superação que se perseguiu com as antigas empregadas domésticas e com as prostitutas diz muito sobre os propósitos de reivindicação e igualdade da mulher, como centro das atenções da organização.

Desde a sua criação, fiz parte da Executiva Nacional da FMC até finais de 1964, data em que tive de abandonar essa responsabilidade porque se aproximava o nascimento do meu filho Ernesto. Num primeiro momento, fui a tesoureira nacional, como reconhecimento pelo trabalho que havia executado antes da nossa partida para o congresso no Chile, celebrado em novembro de 1959.

Esses anos foram para todas uma escola permanente. Realizamos um intenso trabalho na constituição da organização nas diferentes províncias do país, aprendíamos sobre a criação de uma instituição que se erigia como aglutinadora de massas, enfrentávamos, em uma verdadeira luta de classes, as burguesas e contra-revolucionárias que brigavam por não desaparecer, em momentos em que ainda não contávamos com a consciência nem com a suficiente formação cultural para dar as respostas mais acertadas. Só a intuição e o desejo de lutar por algo que sentíamos nosso nos fizeram dignas de empreender ações impensáveis em outros tempos e circunstâncias. Dessa forma, diante do assédio do governo dos Estados Unidos e da contra-revolução interna, convocamos as federadas para se incorporarem às Milícias Nacionais Revolucionárias no ano de 1960.

Sem a obra criadora da revolução, muitas das nossas novas funções não teriam sido possíveis. Posso apresentar o meu caso como exemplo: cuidar da casa, do trabalho e das crianças, que foram nascendo quase uma por ano. Sem as vantagens que para todas significou a construção dos Círculos Infantis,* bem como o semi-internato nas escolas primárias, as bolsas de estudo e outras tantas de igual importância, não teríamos empreendido com a mesma intensidade tudo o que nos propusemos.

*Educação pré-escolar para crianças de 1 a 5 anos. (N. do T.)

Notávamos claramente os resultados que iam sendo obtidos. Pagar mensalmente uma cota, para a FMC, não tinha a ver essencialmente com o montante do que se recolhia, tinha sim um sentido e um alcance maiores, baseados na busca de um contato direto e permanente com a base e, sobretudo, com cada casa e cada mulher federada.

Instaurava-se assim um primeiro movimento de membros em escala nacional. Eu mesma era membro profissional, embora nunca tenha recebido um salário por isso; eram outros tempos e outras circunstâncias. O trabalho efetuado permitiu a celebração, em 1962, do primeiro congresso da FMC, no qual fui eleita secretária-geral e Vilma Espín, presidente.

O trabalho que pude realizar, sem abandonar as minhas outras funções como secretária pessoal de Che, contou sempre com o seu apoio e com as suas recomendações sobre como alcançar uma maior eficiência e unidade nas tarefas a serem cumpridas.

De modo particular, as suas observações e apreciações foram significativamente úteis em momentos difíceis, como a etapa do sectarismo, do qual não estivemos isentas e que nos criou muitos problemas e empecilhos no trabalho com as federadas, especialmente na minha província, onde tivemos que realizar algumas reuniões com os dirigentes das ORI (Organizações Revolucionárias Integradas), a fim de lhes explicar os inconvenientes que estavam se manifestando e as dificuldades para cumprir com as tarefas da organização. Che insistia comigo e me alertava sobre a importância de divulgar as dificuldades para obter uma resposta eficaz e tornar clara a verdadeira fonte de quadros, que permitisse uma conseqüente política a respeito.

Chegamos a 1961. Para Che começou uma das suas etapas mais plenas, porque se sentia parte de um processo que tinha visto nascer e que seguia pelo caminho que considerava o mais justo e revolucionário. Ele havia depositado uma confiança sem limites em Fidel e sabia que era um dos seus colaboradores mais constantes, mas, além disso, acima de todas as coisas, sentia o respeito e o carinho do povo, que não levava em conta a sua procedência argentina e o acolhia como um dos seus, reforçando a sua "cubanidade" e, mais, o seu fervor latino-americano, aquele que se originou quando, sendo um jovem estudante de medicina, decidiu conhecer as raízes da nossa América, o que seria um ato premonitório da sua futura atuação.

Esse processo em permanente ascensão encontra uma genuína expressão, primeiro, quando ele decide se incorporar às nossas lutas e, em um momento de sentido fervor, escreve no México, antes de partir rumo a Cuba, o seu poema "Rapsodia a Fidel". Nos próprios versos, podem se ver detalhes sobre o seu senso de pertencer ao nosso país. Assim, no último verso da primeira estrofe, escreve, referindo-se a Fidel como um interlocutor, sobre a libertação do "verde jacaré que você tanto ama";* no entanto, ao final, reclama o "nós" quando afirma: "pedimos um sudário de cubanas lágrimas". Ele sempre experimentou esse apego à "cubanidade"; até quando dirigia uma crítica ou se sentia incomodado por

*"Verde jacaré" ("verde caimán" em espanhol) é uma referência a Cuba. (N. do T.)

algum erro cometido, dizia "nós os cubanos" e nunca teve que se sentir ofendido ou magoado por não ter nascido em Cuba.

Em 23 de fevereiro de 1961, criou-se o Ministério da Indústria e nomearam Che para dirigi-lo. Tanto estudiosos quanto detratores escreveram abundantemente sobre o trabalho realizado por ele nesta responsabilidade. Não duvido que possa ter tido dificuldades e errado algumas vezes, como obra humana afinal, mas nela pôs o melhor do seu talento e capacidade, acompanhados de paixão e ânimo, em uma esfera que sentia imprescindível para fazer a revolução avançar de um modo mais eficiente e seguro.

O próprio Che chegou a afirmar que o Ministério da Indústria fora concebido levando em conta a dinâmica do nosso desenvolvimento econômico, de tal maneira que no projeto da sua estrutura não cabiam nem o esquematismo nem a rigidez nas suas concepções; na verdade, o processo de industrialização respondia basicamente a um dos grandes objetivos do governo revolucionário.

O Ministério da Indústria constituía o auge de uma primeira fase experimental, que para Che começou na serra Maestra, quando se entregou à tarefa de construir pequenas fábricas artesanais, capazes de satisfazer as necessidades da vida em campanha e que tiveram a sua continuidade depois do triunfo da revolução, quando, desde a sua chegada à fortaleza de La Cabaña, organizou pequenos espaços produtivos com iguais propósitos: satisfazer demandas da tropa.

Simultaneamente às grandes mudanças promovidas pela revolução, requeriam-se novas instituições que respondessem fielmente aos seus objetivos. Por isso, foi criado, desde os primeiros meses, o INRA, que se tornou uma espécie de tração paralela, e onde se concentrava a verdadeira força transformadora que se propunha, em um breve lapso, alcançar as proposições do Programa do Moncada.

Com todos esses antecedentes, Che pôde criar, apoiado em uma equipe de trabalho eficiente e capaz, um novo projeto para reativar o setor industrial do país, em consonância com as linhas de desenvolvimento que nos propúnhamos realizar. Tratava-se, essencialmente, da eliminação da monoprodução e tinha-se como meta apagar a nossa condição neocolonial e subdesenvolvida.

Ao mencionar essas particularidades, percebe-se a magnitude da responsabilidade que Che tinha assumido; no entanto, caso se faça um exame de tudo o que o ministério foi abarcando naquelas condições, da sua estrutura e, sobretudo, da dimensão do seu alcance, se chegará à conclusão de que só um homem com as características pessoais de Che poderia empreender essa tarefa. Sua determinação, seu senso de responsabilidade e seu espírito criador, além das suas qualidades, provadas desde a adolescência, para o estudo e a reflexão; sua vasta cultura e a aceitação da filosofia marxista, que, no seu caso, crescia e se fortalecia desde o momento em que entendeu que só uma teoria científica como esta podia ser parte congênita da transformação do país, eram o seu trunfo.

Na criação do ministério empregaram-se centenas de horas de discussão, com o objetivo de definir claramente todos os passos que deviam ser dados, e Che sempre esteve presente no debate. Paralelamente, trabalhava-se na futura organização, seus vice-ministérios, diretorias, setores, reestruturação das empresas e finalmente das fábricas. Dessa forma, foi sendo criado um sistema integral de organização, direção e planificação da atividade industrial, de acordo com o nosso desenvolvimento.

Para todo esse trabalho, contou-se com a assessoria de especialistas latino-americanos, muitos dos quais já colaboravam com Che; uns eram da Comissão Econômica para a América Latina (CEPAL)[9] e outros, das Nações Unidas, além de intelectuais progressistas e técnicos de diferentes países socialistas.

Com essas ações, conseguiu-se impulsionar um setor vital, ampliaram-se as suas esferas e raio de ação, introduziram-se setores como a automatização e a eletrônica, e criaram-se centros de pesquisa, o que repercutia no desenvolvimento científico e tecnológico do país. Para isso, contava-se com a paixão que Che imprimia em todas as tarefas que assumia.

Che deixou entre nós, como ele mesmo expressou, "a parte mais pura das suas esperanças" como construtor. Com sua enorme capacidade para combinar coerentemente pensamento e ação, era de uma estatura ética sem par.

---

[9]CEPALC: Comissão Econômica para a América Latina e o Caribe é uma das cinco comissões regionais da Organização das Nações Unidas (ONU), criada em 28 de fevereiro de 1948 por resolução do seu Conselho Econômico e Social (ECOSOC) como Comissão Econômica para a América Latina. Sua atual denominação data de 1984 e na atualidade são membros da CEPAL os governos de 47 países e territórios. Os objetivos fundamentais são, entre outros, pôr em andamento e apoiar as medidas que contribuam para facilitar uma ação combinada a fim de resolver de modo urgente os problemas econômicos, elevar o nível de atividade econômica nos países da região e manter e estreitar as suas relações econômicas.

Talvez, nessa atuação revolucionária e no fervor que colocava em tudo o que fazia, possamos apreciar a sua capacidade de contribuir para a formação de um homem novo de acordo com a nossa sociedade, com o que sempre sonhou. Na materialização desses sonhos, a sua obra e o seu exemplo serão sempre estímulos.

Claro que o trabalho se multiplicava. Che continuava com as suas obrigações na política externa da revolução, o que lhe permitia apreciar e conhecer, em primeira mão, as experiências e as possíveis vias se queríamos transitar para um sistema social diferente: o socialista.

Os primeiros passos de consolidação dentro do ministério contaram com a colaboração efetiva de muitos técnicos dos países socialistas, que contribuíram para o seu melhor desempenho. O desenvolvimento técnico-científico de que tanto precisávamos para conseguir pôr em marcha a nova indústria cubana, sem dúvida, marcou a rota dos novos tempos nessa importante esfera da economia.

Essas apreciações fazem parte das minhas lembranças mais queridas, porque, apesar de continuar no meu modesto papel de secretária pessoal, tive o privilégio de ver crescer algo que sabíamos, de antemão, que nos sobrepujava. Vi, principalmente, ascender esse homem que eu tinha conhecido em circunstâncias diferentes e o vi se renovar todos os dias com novos brios, insuflado pelo espírito que só os que possuem o dom da entrega sem limites são capazes de manifestar. Acho, sinceramente, que Che era um homem em permanente crescimento.

O ano de 1961 foi outro ano difícil, porque, ao mesmo tempo que avançava o processo revolucionário e aumentava o apoio do povo, o inimigo, tanto interno quanto externo, se fazia sentir com mais sanha, consciente de que perdia uma das suas prendas mais desejáveis, a paradisíaca ilha de Cuba, a qual tinham convertido por anos em um antro de corrupção e pilhagem.

O contraste era muito marcante. Contra um povo que estava construindo o seu futuro, o passado cheio de injustiça e miséria pretendia se insurgir, encarnado na parte mais retrógrada da nossa sociedade. Por isso, não é difícil explicar nem entender por que, quando se anunciou, naquele abril memorável, um possível ataque inimigo, toda uma massa imensa, incluídos os que até esse momento não tinham se definido totalmente, se pôs a defender aquilo que se tinha conquistado em apenas um ano e alguns meses de revolução, em constante vigília e alerta diante de qualquer ataque inimigo.

Che, como comandante militar de Ocidente (Pinar del Río e Havana), se encarregou, com o senso de dever que o caracterizava, de preparar a região para enfrentar os ianques, se ousassem nos atacar. Muitas vezes fazíamos juntos a ronda, porque ele necessitava observar as diferentes paragens da zona e avaliar a sua localização estratégica no caso de invasão ou incursão clandestina.

O ministério, com todo o seu pessoal, se levantou como qualquer um, dentre os tantos bastiões dispostos a enfrentar o inimigo. Che partiu imediatamente para Pinar del Río a fim de assumir a sua responsabilidade como comandante militar da região de Ocidente. De imediato, todos nos mobilizamos; nós, mulheres, por meio da nossa organização feminina, a FMC.

Nessas peculiares circunstâncias, recebi a notícia de que Che estava ferido e de que eu devia me deslocar rumo à província para assisti-lo. Ele pediu que não me contassem o ocorrido, pelo menos enquanto não se soubesse a gravidade do assunto. Mas era impossível evitar que a notícia corresse. Ela me chegou diretamente de Fidel, sempre compreensivo e amigo querido. Levei a nossa filha Aliucha — assim a chamávamos — para a casa de Celia Sánchez, a pedido dela, porque era um lugar seguro — para onde voltei dois dias depois da nefasta viagem a fim de buscá-la. Foi um dos momentos mais angustiantes pelos quais passei, sem saber com exatidão o que ocorrera nem o que encontraria. Foi uma viagem tensa, com a estrada repleta de tanques e combatentes mobilizados.

Cheguei de madrugada. Che acabara de ser tirado da sala de operações, já em fase de recuperação. Eu me aproximei dele e, no meu nervosismo, feliz de saber que não tinha acontecido nada grave, lhe disse que havia tido muita sorte de o tiro não ter atingido nenhum órgão. Ele me respondeu sem pensar, de uma maneira divertida: "Sorte o cacete; entre tantos tiros, bem este tinha que me acertar." E passou a me explicar o que ocorrera, como conseqüência de um descuido da sua parte: havia deixado cair a pistola, que estava destravada dado o caráter dos acontecimentos, e o tiro tinha entrado pela sua bochecha e saído por detrás da orelha, seguindo uma rota salvadora, porque, mudando um milímetro sequer, o resultado teria sido outro.

Até nas ruas já se comentava o desembarque inimigo e Che a custo se recuperava. No outro dia, apesar dos meus pedidos, partiu para o encontro com Fidel — que já estava posicionado muito perto da praia Girón* —, com o objetivo de concluir detalhes cruciais, porque se dizia que iam criar outras cabeças-de-praia em baía Honda e Cabañas (áreas que se encontravam na jurisdição sob o comando de Che), além de na zona conhecida como baía dos Porcos, na antiga província de Las Villas.

Com a mesma rapidez com que fui ao seu encontro, ele mesmo me levou de volta para Havana, a fim de cortar qualquer sugestão ou imprudência da minha parte; pegamos a menina e nos deixou em casa. Pensei que Che não podia continuar combatendo em conseqüência do ferimento sofrido e com as condições de ameaça em que se encontrava a província sob o seu comando, mas me enganei. Depois de coordenadas as táticas a seguir com Fidel, regressou para Pinar del Río, e dali conheceu a esmagadora derrota do inimigo nas areias da praia Girón, em 19 de abril de 1961, depois de se assegurar de que as ameaças lançadas a outros territórios, como baía Honda e Cabañas, não eram mais que manobras de desinformação inimigas.

De volta à normalidade, seguros e otimistas devido ao triunfo alcançado, todos sentíamos uma atmosfera mais limpa, com novo ânimo e novas metas. Percebíamos em nós mesmos a força que só a verdade pode dar, depois de vencer obstáculos aparentemente insuperáveis.

---

*Praia localizada na margem oriental da baía dos Porcos. (N. do T.)

Continuamos com a campanha de alfabetização, que, apesar do inimigo, não parou nem se viu afetada; pelo contrário, o ensino se estendeu aos lugares mais recônditos e esquecidos do país. Estávamos convencidos de que este era o passo necessário para poder dar o salto qualitativo, que implicaria não só o apoio incondicional das massas, mas, sobretudo, a sua participação plena e integral, sustentada por um maior nível cultural.

Nós, trabalhadores do ministério, nos incorporamos à campanha de alfabetização em bairros marginais que ainda existiam na capital. Ali, além de levar o ensino, percebíamos o muito que ainda era preciso fazer para reverter o passado.

Eu fui alfabetizadora no outrora famoso bairro de Las Yaguas, uma zona de risco, na qual pude apreciar as seqüelas subjacentes, que só com um apoio coletivo poderíamos vencer. O quadro da família que me coube era traumático. Depois da mãe — que tinha 39 anos, mas que aparentava ter uns sessenta — vinha um número de filhos de diferentes pais, todos analfabetos. Para uma das filhas, de quatorze ou quinze anos, consegui ensinar as primeiras letras, com muito esforço, porque ela era empregada doméstica em duas casas onde lhe pagavam apenas 2,50 pesos por mês. Ao lado vivia outra filha, a quem não pude alfabetizar; era casada com um alcoólatra e foi praticamente impossível me aproximar dela. Ao terminar a campanha, por meio da FMC, tratei de que se acompanhasse o caso e se convenceu a mãe e uma das filhas a trabalhar. Foram instaladas em Cidade Liberdade como empregadas dentro do sistema de bolsas, que foi instaurado para todos os alfabetizadores que desejassem continuar os seus estudos. Em suma, foi possível alfabetizá-las, mas não conseguimos tirá-las do ambiente doentio em que viviam. Muito era preciso lutar e construir para eliminar tudo aquilo que brigava vigorosamente com a obra benévola da revolução. Mas não nos acovardamos, porque sabíamos que podíamos avançar e vislumbrar o amanhã.

Em toda esta tarefa, sempre contei com o apoio de Che, tanto no plano pessoal quanto no familiar. Como todo casal, tínhamos que procurar soluções para os problemas que se apresentavam, sobretudo porque a minha família era de origem muito humilde e necessitava da nossa ajuda. Assumimos a tutela da minha sobrinha Miriam, uma das filhas da minha irmã, que tinha morrido quando eu era adolescente. Acho que contribuímos para a sua formação política e cultural, além de lhe proporcionar o nosso afeto. Quando Miriam decidiu se casar em 1965, a pedido de Che o casamento foi realizado em março, depois do seu regresso do périplo pela África, e ele até emprestou o seu carro a fim de que levassem os noivos para a viagem de lua-de-mel.

Tudo isto, claro, ocorria em meio a um turbilhão avassalador, porque o trabalho aumentava cada vez mais e, para estar um pouco mais perto de Che, tive às vezes que renunciar ao cuidado das crianças e sacrificar um pouco a minha vida como mãe, apoiada na minha família e nos companheiros da guarnição que fielmente permaneciam entre nós. No ministério, Manresa — que sempre foi o seu chefe de gabinete — e eu conseguimos chegar a um acordo e estabelecemos uma divisão de trabalho, segundo a qual eu me encarregaria essencialmente da correspondência pessoal de Che.

Uma vez ao mês, eu acompanhava Che nas visitas que ele fazia às províncias, vendo com os próprios olhos o avanço que o desenvolvimento industrial do país estava experimentando. Era o seu método de trabalho o que lhe permitia se aproximar o máximo possível dos trabalhadores, sentir de perto as suas necessidades e poder contribuir para as suas soluções. Nesses casos, eu ocupava as minhas funções de secretária, tomava nota dos assuntos tratados e compartilhava o trabalho. Eram momentos que desfrutávamos, sentíamos que nos aproximavam mais e podíamos compartilhar uma intimidade que, em outras circunstâncias, não conseguíamos. Pode-se dizer que era um pouco de egoísmo, em meio às longas horas que tínhamos que sacrificar pelo bem de todos. Nestas jornadas, inclusive, pude me dar conta de quão infundados tinham sido os meus ciúmes em uma ou outra ocasião, sobretudo nos primeiros tempos da nossa união. Pude compreender que, para Che, o trabalho tinha um significado muito elevado, ao qual ele não renunciava para obter uma distração passageira.

À medida que o tempo passava, essas visitas se intensificaram, porque, por meio delas, ele podia avaliar a construção e o funcionamento das novas fábricas, e ter contato direto com a equipe de direção. Considerava este último aspecto de vital importância, para estar alerta de forma permanente, de modo que não se caísse na negligência, na cumplicidade e no burocracismo da administração, do partido e do sindicato — aos quais chamava a união da Santíssima Trindade. A seu ver, estes problemas estavam entre os que mais desgastavam o socialismo existente. Em muitos dos seus escritos e discursos dessa etapa, insistiu reiteradamente nos enormes problemas que se criavam quando o partido, sobretudo nas províncias do interior do país, tendia a suplantar o papel da administração; prática inconcebível, do seu ponto de vista, na criação da nova sociedade.

Aproveitava, ainda, para visitar outros lugares de importância construtiva, como era a costa sul de Santiago de Cuba até El Caney de las Mercedes, fazer inspeção e detectar deficiências, que ele anotava na sua caderneta ou na minha agenda, para, na volta, fazer com que elas chegassem ao ministério correspondente.

Também entrava em contato com camponeses da região, que se aproximavam dele para lhe transmitir os seus problemas, convencidos de que seriam escutados. São casos instrutivos como o de Argelio Rosabal, um batista da serra Maestra que apoiou Che e o seu grupo depois do desembarque do *Granma*: Argelio tinha pedido uma terra para construir uma igreja e esta lhe foi entregue no início de 1959, mas depois alguém que não conhecia os fatos quis privá-lo da terra, de modo que Che precisou tomar as medidas pertinentes para que ela lhe fosse devolvida. Ou Polo Torres, o capitão descalço, que executou tantas ações na Coluna de Che e que sempre que sabia da sua visita tratava de vê-lo e conversar sobre o que estava acontecendo na região.

Em meio a tudo isto, já havíamos construído os nossos espaços mais íntimos apesar da enorme carga de trabalho que Che tinha de cumprir e dos seus horários irregulares. Ele se levantava por volta das nove ou dez da manhã, tomava um café amargo e comia um pedaço de pudim de leite apressadamente mas com prazer porque era uma das coisas de que mais gostava. Fazia isso sentado à mesinha da cozinha enquanto eu terminava de lhe preparar o suposto desjejum. O café era preparado por mim enquanto ele tomava a sua água com gás em uma taça verde que utilizava nos últimos tempos, acompanhada de uma pequena xícara "especial" que eu lhe presenteei. Mas, quando tinha que receber logo de manhã um visitante ou alguma delegação no aeroporto, me avisava do próprio ministério que ficaria para descansar ao menos uma hora ali, embora na realidade isso tenha ocorrido muito esporadicamente.

Eu saía de casa por volta das onze da manhã e regressava às dez ou à meia-noite, dependendo da sua agenda de trabalho. Recordo que nesse tempo fomos várias vezes ao cinema, visitamos também algum *drive-in* ou teatro e a salinha do ICAIC (Instituto Cubano de Arte e Indústria Cinematográficas), dirigido por Alfredo Guevara, homem culto e de extrema sensibilidade, a quem um forte laço de amizade nos unia. De algumas dessas visitas ao ICAIC existem fotos nas quais estamos com amigos muito queridos e também com convidados do governo.

Desde os primeiros momentos, Che participava das recepções organizadas pelas embaixadas acreditadas no país, como parte das suas funções na política exterior e, na maioria dos casos, se as minhas gravidezes me permitissem, eu o acompanhava. Do escritório, ele me ligava para que eu me preparasse e nos encontrávamos em casa ou no ministério, dependendo do tempo de que dispuséssemos.

Da minha presença naquelas recepções, ficou uma anedota. Che se inteirou, a partir de uma ligação casual, o que habitualmente chamamos de linha cruzada, de um comentário sobre a minha roupa. Chegou em casa me perguntando se era verdade que eu tinha usado sete vezes o mesmo vestido nas recepções; corrigi que não eram sete, mas oito. Claro, tratava-se do único vestido de grávida mais ou menos adequado que eu tinha para esses convites e era obrigada a usá-lo para não destoar dele, que sempre ia com roupas de trabalho.

Assim aproveitávamos os nossos momentos, compartíamos os livros que ele já tinha lido, com essa capacidade que teve durante toda a sua vida de ser um leitor muito voraz. Praticamente lia um livro por dia, aproveitando qualquer tempo livre que tivesse, sobretudo no trajeto de um lugar para outro. Entre os seus livros preferidos se encontravam *Dom Quixote de La Mancha*, que tinha lido mais de seis vezes, e *O capital*, que considerava um monumento do saber humano.

Sempre procurava me orientar nas leituras que considerava imprescindíveis e nós as comentávamos ocasionalmente. Líamos quase toda a literatura importante da América Latina, a narrativa russa e soviética e os melhores contistas norte-americanos. Devido ao meu gosto pela história romanceada, me sugeriu que começasse a estudar história, embora no ano de 1961 tenha insistido para que eu me matriculasse em economia. Não quis fazer isso, para cuidar de Aliucha e também porque não desejava estar tanto tempo afastada dele. Mais uma vez predominou o meu desejo de permanecer mais tempo ao seu lado.

Confesso que, sobre o tema dos cuidados domésticos e pessoais, existia um *laisser-faire* por parte de ambos: no meu caso, isso se justificava pelo meu carinho por ele e, no seu, porque experimentava um prazer muito íntimo, por desfrutar de algo que até esse momento não havia tido e que lhe agradava muitíssimo. Havia acumulado "um desejo terrível de lar"; por exemplo, ter ao seu lado alguém que se preocupasse em lhe preparar o banho, que se converteu quase em um ritual — gostava de tomar banho com água bem quente —, e o café-da-manhã. Eram pequenas coisas que complementavam muitos anos de buscas e saudades, e eu sentia que não podia economizá-las. Não tenho nenhum ressentimento nem considero isso uma debilidade; pelo contrário, se sigo o curso dos acontecimentos, eu avalio esses fatos como certa percepção intuitiva para vislumbrar o horizonte.

* * *

Também nesse ano de 1961, Che visitou de novo a União Soviética, para reforçar a colaboração e o apoio que sempre nos proporcionaram. Eu, da minha parte, viajei para a China com uma delegação da FMC, grávida de um mês do meu filho Camilo, o que me obrigou a repousar em determinado momento da jornada. Não obstante, sentia um grande entusiasmo por conhecer o país, talvez influenciada pelo que Che tinha me contado. Pedi para conhecer as comunas populares, que não despertaram em mim a mesma apreciação. Ainda que fosse verdade o imenso trabalho que nelas se estava fazendo e impressionasse realmente sentir como se experimentava a construção do socialismo em um mundo diferente daquele que conhecíamos, me chocavam as enormes carências e as restrições que tinham e ver todos vestidos iguais, como se estivessem uniformizados. Seria preciso que passasse muito tempo e sacrifícios gerados pela nossa verticalidade inicial, para poder entender tudo aquilo.

Quando se aproximavam de nós, demonstravam o amor que sentiam por nosso povo e sua revolução e nos explicavam o que estavam construindo, com uma verdadeira e sentida mensagem de solidariedade. Em algumas visitas, cantamos juntos o hino do 26 de Julho em espanhol. Estávamos admiradas, porque calculávamos o tempo que tiveram que dedicar para nos fazer sentir mais próximas a eles. Era uma atmosfera verdadeiramente emocionante, com um calor humano que nos falava do que ocorria naquele imenso país, totalmente diferente do que se lia nos livros e na imprensa internacional.

Com o tempo, apreciei o imenso sacrifício que esse extraordinário povo fazia para construir uma nova vida e o valorizei ainda mais quando pude conhecer com maior profundidade a sua história milenar e a sua literatura, nas quais estavam refletidos os seus enormes valores culturais e humanos.

Essas sensações apagaram as primeiras impressões. Também pude me dar conta do que Che tinha reparado e do seu otimismo pelo que viu. De volta, no mês de novembro, estive na URSS, onde apreciei outro nível de desenvolvimento, apesar do pouco tempo que permaneci ali. Aliás, quando passei por esse país, eu já havia tido aulas do idioma russo e achava que dominava parte do vocabulário. Não obstante, fiz o papel mais ridículo da minha vida quando tentei falar; as crianças me rodeavam cada vez que abria a boca e as minhas companheiras de delegação caçoavam de mim até não poder mais. Entretanto, para mim foi uma experiência muito divertida.

Terminou 1961, outro ano que se viveu ao máximo e com igual intensidade, dando passagem para 1962, que pressagiou se converter também em um período muito convulsivo, mas, ao mesmo tempo, cheio de novos projetos e satisfações.

Apesar do tempo transcorrido, descrever os intensos dias vividos durante a chamada Crise dos Mísseis me produz idêntica sensação. Nunca como nesse momento a humanidade esteve ante o perigo real de um confronto armado de incalculáveis proporções. Depois do ataque mercenário à baía dos Porcos e devido à permanente ameaça de invasão norte-americana, Cuba, em um ato de legítima defesa, decidiu aceitar a oferta da União Soviética de instalar mísseis nucleares no nosso território com o objetivo de frear as pretensões dos Estados Unidos.

As instalações destas armas estratégicas foram detectadas por aviões de espionagem, o que motivou a denúncia do governo norte-americano. As relações internacionais esquentaram e se aprofundou o enfrentamento entre os blocos mundiais. Houve uma escalada da tensão. Na sua solução, infelizmente, Cuba não interveio, nem se levaram em conta as opiniões e as posições do nosso governo revolucionário — o que nos obrigou a manter nossos princípios e a não nos dobrarmos diante das exigências e chantagens do imperialismo. A decisão soviética de retirar os mísseis foi unilateral. Não permitimos, no entanto, que as Nações Unidas inspecionassem o nosso território.

Nosso povo demonstrou equanimidade e arrojo no transcurso dos acontecimentos. Essa abundância de coragem e ousadia deixou em Che sentimentos que fizeram com que ele enfatizasse o seguinte na carta de despedida que deixou para Fidel: "Vivi dias magníficos e senti ao seu lado o orgulho de pertencer ao nosso povo nos dias luminosos e tristes da Crise do Caribe."

* * *

A vida transcorria no seu eterno renascer e, no plano familiar, no mês de maio, cumpriu-se um dos maiores desejos da vida de Che: ele sentiu o seu ego de homem multiplicado com o nascimento do esperado menino, seu filho Camilo.

Contam-se muitas anedotas sobre a alegria que ele experimentou quando lhe deram a notícia: que pôs o charuto ao contrário quando quis fumar, que quis buscar flores para me presentear e não as encontrou, que mal conseguiu se secar ao sair do banho na sua pressa para ir nos ver. Outras mais poderiam existir, verdadeiras ou não, mas a realidade se refletia no contentamento do seu rosto quando se aproximou e pôde sentir a presença do filho. Na realidade, manteve-se perto todo o tempo, na espera do nascimento do menino.

A família crescia, com Hildita, Aliucha e Camilo, e os que posteriormente viriam. Tínhamos a sensação de que estávamos construindo o nosso pequeno mundo, com um lar peculiar, espécie de refúgio íntimo, que compartilhávamos com amigos e familiares e no qual começavam a se estabelecer costumes, alguns hábitos e gostos que se reafirmariam com a mudança para uma nova casa, que pensei que seria a última e assim foi.

A nova moradia, situada na rua 47, entre Conill e Tulipán, em Nuevo Vedado, embora não a tenhamos escolhido particularmente, surgiu sim por uma decisão que eu tinha tomado e que Che compartilhou, com uma ou outra advertência. Ansiava ter um lar separado da guarnição e no qual me sentisse um pouco mais independente, e, sobretudo, sentir que não vivia em uma espécie de quartel. Necessitávamos de mais tempo para estar realmente sós, apesar dos muitos compromissos e das dificuldades que se enfrentavam com o peso de um lar próprio.

Começava deste modo o que eu acreditava ser definitivo. A guarnição ao lado da casa, com relativa distância; a aceitação de tarefas que, até esse momento, não eram minha obrigação: a cozinha, a limpeza e outras de igual natureza, que pude realizar com o apoio de amigos, familiares e, sobretudo, com a ajuda inestimável de alguns soldados que sempre considerei da família: Rafael Hernández Calero (Felo) e Misael Fernández, arrimos com os quais contei incondicionalmente até depois do desaparecimento de Che. Eram camponeses nobres e bondosos, e que foram amparo para as crianças diante do vazio que deixou a ausência do pai. Assim aconteceu também com a irrupção no novo lar de Sofía Gato, nobre e afetuosa, que chegou para me ajudar nos cuidados com a minha filha Aliucha e terminou sendo mais um membro da família.

Neste retrospecto de afetos e presenças imprescindíveis, não posso deixar de mencionar o famoso Muralha, o cachorro leal da casa, motivo também de anedotas e lendas. Sua entrada nas nossas vidas ocorreu quando ele me foi presenteado na Cidade Liberdade. Um soldado da Coluna o levou para mim, e eu o trouxe para viver conosco, para completar o ambiente familiar que durante um tempo nos identificou — reproduzido em múltiplas fotos da época.

Tampouco me esqueço dos amigos de sempre e cuja presença se mantém como uma constante, como Harry Villegas, Alberto Castellanos e Leonardo Tamayo, e de outros, ausentes, como Hermes Peña, fiel companheiro que morreu em Salta, Argentina, lutando pela libertação da nossa América, ou que passaram a ocupar diferentes responsabilidades, como é o caso de Carlos Coello, que posteriormente acompanhou Che nas missões do Congo e da Bolívia, onde morreu em combate, ou de Chino (Felipe Hernández). Também penso em Oscar Fernández Mell, que igualmente viveu nesta nova casa durante um tempo, até o seu matrimônio.

Acho que a decisão de nos mudarmos — apesar de que a nova casa nunca me agradou totalmente — nos uniu muito mais, talvez porque ambos tenhamos tomado consciência do que significava possuir um lar mais nosso e ao qual estávamos impondo um cunho particular. Era definitivamente a nossa primeira casa, algo mais íntimo e acolhedor.

A partir daqui, no que se refere à alimentação, teríamos o mesmo que o resto da população; ou seja, a *libreta* (caderneta) de artigos regulamentados que todos os cidadãos do país tinham. Destaco isto com especial interesse, porque às vezes vi publicado que nós comíamos com duas *libretas*, idéia talvez motivada por uma resposta meio de brincadeira dita por Che, quando, na verdade, essas coisas não lhe interessavam. Eu administrava sozinha os assuntos domésticos, assim como pagava o aluguel da moradia, 40 pesos mensais, que saíam do salário de Che, que era de 440 pesos, porque eu nunca recebi nenhum ordenado nessa época.

Tudo isso fazia parte do cotidiano das nossas vidas. Depois que Che partiu, continuei recebendo o mesmo salário, e os meus filhos, conforme foram crescendo e se tornando profissionais, renunciaram paulatinamente à parte que o Estado lhes outorgou para o seu sustento. Tratamos de viver de acordo com os ditames éticos da revolução e, claro, respeitando a maneira de ser e agir de Che e nos mantendo fiéis a ela.

Com a nova casa, nasceram os nossos outros filhos: Celia, em 14 de junho de 1963 — à velocidade supersônica, porque Camilo só tinha treze meses —, e Ernesto, em 24 de fevereiro de 1965, quando Che ainda se encontrava na Argélia, na última viagem que realizava na sua condição de dirigente da revolução. Ao se inteirar da notícia do nascimento deste filho, enviou-lhe um telegrama, mescla de saudades e nostalgias, porque afinal tinha nascido o segundo "Tete", apelido que a sua família havia lhe dado de pequeno:

Ernesto Guevara March
(entregar na sua casa ou na clínica)
Havana.

Tete diga para a sua mãe que não vou comer. Que ela se porte bem.

Dê um beijo para os seus irmãozinhos.

Seu pai.

Argel, 24-2-65.

Só posso dizer, não importam as razões, que a nossa vida de casados encontrava outros apoios, os quais, apesar da separação, sempre se alimentaram de amor e responsabilidade compartilhados.

Sabia que era possuidora de uma família e de um lar — imperfeitos, não duvido disso, mas meus — de modo que nunca reparei em carências: sabia que tinha que ser igual ao lar de todos os cubanos, que vivíamos tempos de deveres e sacrifícios; contava com um companheiro, que, embora talvez aparentemente não se detivesse nos detalhes, se tivesse visto ou sentido qualquer diferença, nunca a teria permitido. Posso afirmar que Che nunca se importou com coisas materiais, que eram alheias à sua forma de experimentar a vida.

Assim fomos construindo o nosso lar, onde não nos faltou a presença de amigos e familiares de ambos. As tarefas se harmonizavam com a fruição de pequenos momentos, despojados de solenidades e protocolos; éramos um homem e uma mulher repletos de amor, sonhos e esperanças, que agiam simplesmente de acordo com os seus desejos e gostos.

O trabalho sempre intenso era uma constante, mas nunca nos esquecemos de lhe acrescentar um tom muito nosso. Poderia oferecer muitos exemplos, embora, sem dúvida, o trabalho voluntário fosse o mais ilustrativo, não só porque Che foi o seu criador e o seu mais constante promotor, mas também porque pude me dar conta da forma como sentia e desfrutava plenamente aquilo da entrega ilimitada do ser humano, sem distinguir entre o trabalho cotidiano e a cota extra, distanciada do formalismo e do cumprimento de metas, orientada principalmente para a formação política e cultural, tal como tinha expressado em múltiplas oportunidades. Era a semente do novo tipo de homem.

Haydée Santamaría o retratou com sentida emoção ao saber da notícia da sua morte: "Tudo o que você criou foi perfeito, mas fez uma criação única, fez a si mesmo, demonstrou como é possível esse homem novo, todos víamos assim que esse homem novo é realidade, porque existe, é você..."

Participou todos esses anos de sessões noturnas de trabalho voluntário em diferentes empresas e conseguia cumprir as horas estabelecidas, em um exercício quase mágico, pois até hoje muitos se espantam com o fato de que, em meio a tantas responsabilidades, dispunha de tempo para isso. Fez o mesmo nas históricas Safras do Povo, onde dirigentes e massa se uniam em comunhão de força e ideais.

Nunca faltaram anedotas simpáticas em que às vezes Che era o centro das brincadeiras, por algum dos seus defeitos visíveis: um dia, ao terminar a jornada de trabalho voluntário, tocaram o Hino Nacional e todos nos levantamos. Pouco depois, escutou-se um hino e vimos como Che se levantou rapidamente e perguntou por que o estavam repetindo: era que tinham posto as notas do Hino do 26 de Julho, mas a sua escassa ou, mais exatamente, nula percepção musical o impedia de diferenciar umas notas das outras.

Finalizada a jornada dominical de trabalho voluntário, depois de uma semana árdua, chegava em casa cansado, mas com muitos desejos de desfrutar algum tempo com os filhos. Tirava a camisa e brincava com eles no chão. Depois almoçávamos acompanhados sempre de algum convidado, e não faltavam as histórias à mesa, nas quais Che competia com destaque. Quando se podia, apreciava também um vinho tinto misturado com água — costume muito argentino que ele nunca perdeu e que constituía um dos pequenos gostos que se dava ocasionalmente.

Nos últimos tempos de permanência em Cuba, tomava um banho depois do almoço e, à tarde, ia ao ministério para ter reuniões com os diretores de empresa, talvez já pensando na iminente partida e pela necessidade que sentia de deixar claramente estabelecido o funcionamento adequado das diversas estruturas incorporadas ao Sistema Orçamentário de Financiamento, como suporte das suas concepções econômicas, que diferiam do sistema vigente nos países socialistas e que estavam centradas principalmente na formação de um homem novo em consonância com a verdadeira teoria marxista, afastada de todo dogma e imbuída de um forte espírito criador.

Alguns sábados à noite, ele se sentava para ver boxe na televisão. Cada vez que recordo isso, me parece engraçado, porque não concebia que um homem com tanta sensibilidade apreciasse as lutas e ainda fizesse gestos no ar, como se quisesse estar no combate e dar um ou outro golpe. Talvez fosse um julgamento da minha parte, motivado pela rejeição que ainda sinto ao ver um esporte que se fundamenta em um enfrentamento desse tipo — que me perdoem os entendidos.

Em casa, costumava trabalhar com freqüência no seu escritório, localizado no piso superior, onde gozava de total tranqüilidade. Foi um lugar que apreciou organizar e no qual colocou parte dos seus livros mais estimados, muitos dos quais têm as suas marcas pessoais, anotações, comentários, como parte dos seus costumes mais arraigados. Existe uma foto na qual aparece arrumando as estantes. É um lugar pequeno, como uma espécie de refúgio íntimo. Ao entrar, sente-se a sua presença permanente, porque a forma e o conteúdo dos livros colocados nas estantes proporcionam uma informação de primeira mão sobre os seus interesses e gostos, que, de certo modo, dão continuidade às leituras da sua adolescência. Encontram-se textos de literatura universal ou hispano-americana e os seus poetas latino-americanos preferidos, Pablo Neruda e César Vallejo; biografias, história, ciências, economia, filosofia geral e, em particular, os clássicos do pensamento marxista. Também se podem ver exemplares sobre o pensamento militar, ensaios políticos e sociológicos e manuais de xadrez, entre outros. No entanto, o mais impactante é quando se examinam os livros e se vêem as marcas e os comentários escritos por Che e que demonstram que o escritório se converteu em um lugar de estudo e reflexão.

Esse lugar, ademais, serviu de resguardo pessoal para conversar com companheiros latino-americanos que, junto com ele, compartilhavam o sonho de redimir o nosso continente. Suas paredes são testemunhas de vários planos que, alcançados ou não, fizeram parte dos anseios mais puros de uma geração.

Em todo esse tempo, não faltaram as viagens, cada vez mais extensas, no cumprimento habitual das suas funções, e também o desejo manifesto de regressar quando as permanências eram muito prolongadas. Seu último e definitivo périplo pela África, que lhe tomou mais de três meses, assim o demonstra, quando, de Paris, onde se achava em uma curta estadia, e percorrendo o Museu do Louvre, me envia um cartão-postal com um retrato de Lucrezia Crivelli, pintado por Leonardo da Vinci, no qual me diz:

> Minha querida,
>
> Sonhando no Louvre, de mãos dadas com você, a vi representada aqui; gordinha, séria, com um sorriso um pouco triste (talvez porque ninguém a ame) esperando o amado distante (será quem eu acho, ou outro?).
>
> E soltei a sua mão para vê-la melhor e adivinhar o que se esconde no ventre pródigo. Homem, não?
>
> Um beijo e um abraço grande para todos e um especial para você, de
>
> Marechal Thu Che.

Encontrava-se em uma etapa muito fecunda, resultado da experiência adquirida nesses tempos de revolução e em todos os anos que dedicara a reforçar a sua vasta cultura. Reler muitos dos discursos que pronunciou e os trabalhos que escreveu permitiria definir, em toda a sua dimensão, a grandeza que tinha alcançado em apenas cinco anos de revolução. Poderia incluir muitos exemplos e detalhes, mas basta mencionar o seu discurso de Genebra em março de 1964, por ocasião da Conferência de Comércio e Desenvolvimento, e o das Nações Unidas em dezembro desse mesmo ano, na sua XIX Assembléia. Ambos são o reflexo da sua estatura e dimensão:

> Na sua condição de latino-americano e subdesenvolvido, se unirá a demandas principais dos países irmãos e, na sua condição de agredido, denunciará desde o primeiro momento todas as maquinações programadas pelo aparato de coerção do poder imperial dos Estados Unidos da América [...].

Com iguais propósitos, pronuncia nas Nações Unidas palavras proféticas:

> Cuba vem para firmar a sua posição sobre os pontos mais importantes de controvérsia e o fará com todo o sentido da responsabilidade que implica o fazer uso desta tribuna, mas, ao mesmo tempo, respondendo ao dever inevitável de falar com toda a clareza e franqueza.
>
> Gostaríamos de ver esta Assembléia se espreguiçar e marchar para a frente, que as comissões começassem o seu trabalho e que este não se detivesse na primeira confrontação. O imperialismo quer converter esta reunião em um

> vão torneio oratório em vez de resolver os graves problemas do mundo: devemos impedi-lo. Esta Assembléia não deveria ser recordada no futuro só pelo número XIX que a identifica. Para lograr esse fim, vão encaminhados os nossos esforços [...].

Um traço da sua personalidade que o torna muito especial, a ética que conseqüentemente praticou, poderia ser ilustrado com um sem-número de detalhes da sua vida profissional e política, mas prefiro fazer isso com exemplos do seu comportamento familiar. Nas suas múltiplas viagens, como um costume estabelecido, os anfitriões sempre lhe entregavam alguns presentes, inclusive de valor; presentes para ele e para a sua esposa. Se os considerava ostensivos demais, os repartia com outros. Isso nunca me incomodou e ele o sabia, embora eu reconheça que teria querido desfrutar algumas coisas que mandavam e me agradavam. Claro, eu sempre selecionava tecidos, chineses e japoneses; alguns objetos típicos de países africanos e outros, que ainda conservo.

Também presenteou um trabalhador exemplar do ministério com um televisor em cores que tinham me mandado — à época, era algo assim como um artigo inimaginável. Repartia outras coisas menos pessoais coletivamente. Em uma ocasião recebeu, depois de uma das suas visitas à Argélia, um barril de um vinho excelente. Ao chegar em casa, me disse que o repartisse para a guarnição que estava situada ao lado da nossa moradia. Nem sempre obedeci incondicionalmente as suas ordens, esta em especial: sabendo que o vinho fazia parte dos poucos gostos que se concedia, guardei nessa ocasião uns cinco litros para a casa.

Em Che, permaneciam de forma invariável o seu alto senso de eqüidade e a sua espiritualidade, os quais eu me permitia o luxo de quebrantar um pouco, sabendo que com isso não ofendia em nada os seus princípios e lhe proporcionava, em compensação, um pequeno prazer. Eram decisões que eu sempre defendia e que não me pesam absolutamente.

Do mesmo modo, repartia os pêssegos e as tâmaras — entregues como uma exceção para Fidel, porque sabia que lhe agradavam muito.

Raras vezes comprou algum presente. Em compensação, enviava sempre cartões-postais dos diferentes países que visitava, depois de alegar que não se podia usar o dinheiro do Estado para satisfações pessoais. Em 1965, inclusive, em uma das suas últimas viagens, antes da sua ida definitiva para o Congo, me escreveu do avião, dizendo-me que, no país que fosse, ia me comprar algo, que não fosse o anel com uma pedra autóctone da região que tinha me prometido em algum momento anterior:

> Minha querida,
>
> É o último em muito tempo, talvez. Penso em você e nos pedacinhos de carne que deixei para trás. Este trabalho deixa muito tempo para pensar, apesar de tudo.
>
> Não lhe mando o anel, porque pensei que não era correto gastar dinheiro nisso, agora que necessitamos tanto dele. Mandarei para você algo do ponto de destino. Agora lhe mando um par de beijos apaixonados, capazes de derre-

ter o seu frio coração; divida um em pedaços para as crianças. Dê outros mais moderados para os sogros e para os demais componentes da família. Para os recém-casados, um abraço e as recomendações de que chamem o primeiro filho de Ramón.

Nas noites do trópico, voltarei ao meu velho e mal exercido ofício de poeta (não tanto de composição como de pensamento) e você será única protagonista.

Não deixe de estudar. Trabalhe bastante e lembre-se de mim de vez em quando.

Um último, apaixonado, sem retórica, do seu

Ramón

No entanto, ao seu regresso, me disse que tinha pensado e não podia gastar um dinheiro que não era seu, de modo que outra vez fiquei com os desejos de um presente. Talvez por isso, quando se foi, tenha me deixado o seu relógio com toda a sua carga simbólica.

Nada desses minúsculos detalhes teve importância, como tampouco aquilo de não querer que eu o acompanhasse em alguma das suas viagens ao exterior. Já mencionei como, desde 1959, havia criado esse precedente, apesar da mediação de Fidel, que em várias ocasiões intercedeu para que me levasse, mas ele sempre alegava que era um privilégio que não podia ter. Na renúncia a esses pequenos prazeres, que sem dúvida teria apreciado, se encontra uma parte da essência de um caráter que tanto comove muitos dos que, em todas as partes do mundo, o consideram um homem de qualidades superiores.

Em algumas ocasiões, recordo que para poder falar com ele por telefone tinha de ir até a rua 11, onde se encontravam, naquela época, os escritórios de Fidel, que mandava me buscar e assim conversávamos. Acho que só por Fidel, a quem respeitava e admirava com sincero afeto desde o seu crucial encontro no México, ele aceitava fazer isso.

Consta-me que esta aceitação começa a ser conhecida, e é válida também para estimar a singular relação destes dois homens, sobretudo em momentos em que, como é normal, nem sempre concordavam em algum tema ou apreciação. Sei que ocasionalmente discutiam, mas ao final conseguiam chegar a um acordo, porque, acima de qualquer discrepância, transitavam por caminhos iguais. Formavam um binômio que se complementava mutuamente e que lhes permitia agir sob os mesmos princípios. Se tivesse de definir em breves palavras essa relação, ela ficaria sintetizada na confiança sem limites que um nutria pelo outro e que Che tão bem delineou na carta de despedida a Fidel, quando expressa o orgulho experimentado por fazer parte do povo cubano e ser dirigido por um homem da sua estatura.

* * *

Começou o final de outro ciclo. Mais que intuir, fui consciente de que o seu agir e o seu pensar, como nunca antes, se integravam em um propósito que tinha raízes profundas, concebido desde que — apenas abandonada a sua adolescência — decidiu pôr em funcionamento um híbrido de bicicleta com motocicleta e se lançar para conhecer e sentir profundamente a miséria e a injustiça.

Depois dessas primeiras experiências, surgiram outras no seu peregrinar pela nossa América, pelas marcas profundas da nossa identidade, que o conduziriam rumo ao caminho definitivo, aquele que foi auscultando por trilhas acidentadas, nessa especialidade que decidiu praticar, a medicina social. A essa especialidade seguiu-se — empregando os seus próprios qualificativos — a de revolucionário, o grau mais alto do ser humano. Em primeiro lugar, a Bolívia e a sua revolução de 1953, mais tarde a Guatemala e finalmente Cuba, onde encontraria a sua verdadeira vocação e deixaria "o melhor das suas esperanças e o mais querido entre os seus seres queridos".

Conhecedor de que em Cuba tinha se conseguido construir, com esforço e perseverança, uma autêntica revolução e de que o país contava, ademais, com um líder da estatura de Fidel, querido e admirado por todo o seu povo, Che decidiu se incorporar à força revolucionária ativa desse mundo subdesenvolvido, que advogava por construir um mundo mais justo e eqüitativo e que vivia momentos de extraordinária tensão, motivados pelo recrudescimento das forças imperiais, por um lado, e pelas contradições e dificuldades que se viam e sentiam dentro do mundo socialista.

Esta decisão foi amadurecendo nele à medida que travava conhecimento e se comprometia com os diversos movimentos de libertação que, de diferentes partes do mundo, convergiam para Cuba, conscientes de que tinham, nos líderes cubanos, um apoio incondicional e, em Che, um entusiasta colaborador. Sentia que muita gente valiosa morria lutando e que só com a participação efetiva de soldados experientes se poderia obter o triunfo, além de que o exemplo direto, apesar dos riscos que isso implicava, era a única possibilidade de dar uma guinada certeira na história. Foi assim que decidiu, como disse, "arriscar a própria pele".

Nós, que o conhecíamos, sabíamos bem que essa decisão era irrevogável, embora alguns de nós tenham lhe pedido que desse um tempo para si mesmo a fim de preparar melhor as condições e deixar rematadas, com maior precisão, as transformações e mudanças que deviam ser feitas na indústria cubana sob a direção do Sistema Orçamentário.

Nenhum argumento estava acima do propósito maior, a libertação do Terceiro Mundo. Assim tinha tornado isso público no discurso que pronunciou em Argel em fevereiro de 1965:

> Não é por acaso que se permite à nossa representação emitir a sua opinião no círculo dos povos da Ásia e da África. Uma aspiração comum, a derrota do imperialismo, nos une na nossa marcha rumo ao futuro; um passado comum de luta contra o mesmo inimigo nos uniu ao longo do caminho.
>
> [...] É imperioso obter o poder político e liquidar as classes opressoras, mas, depois, é preciso enfrentar a segunda etapa da luta, que adquire características, se possível, mais difíceis que a anterior.
>
> [...] é preciso lutar, portanto, contra o imperialismo. E, cada vez que um país se desprende da árvore imperialista, está se ganhando não somente uma batalha parcial contra o inimigo fundamental, mas também contribuindo para a sua real debilitação e dando um passo rumo à vitória definitiva.

Decidiu ir primeiro ao Congo, conhecedor como era da realidade do continente africano, disposto a permanecer ali até que se pudesse avançar na luta. Finalmente parte rumo à América para cumprir o seu ansiado sonho: alcançar a plena libertação da América Latina.

Quanto a mim, sabia dos riscos enormes dessa decisão. Era uma mistura contraditória do dever e da satisfação que sabia que ele sentia por se aproximar da sua tão desejada meta e, por outro lado, da consciência de que já nada ia ser igual e que outros planos e outras realidades embaraçariam as nossas vidas. Falamos de como e quando eu poderia me juntar a ele, depois de um tempo prudente para que as crianças não fossem afetadas pela nossa ausência. Eu me aferrava à idéia de segui-lo o mais rápido possível, mas predominava a sua opinião, mais certeira, com relação ao afeto e à educação que só eu podia dar para os nossos filhos, de modo que, uma vez mais, tive de ceder e lhe dar razão.

Claro que isso foi depois de me serenar e me encontrar em condições de refletir sobre o futuro, porque a notícia, embora intuída, me pegou de surpresa numa manhã de domingo na qual ele não compareceu ao trabalho voluntário e tiramos algumas fotografias com as crianças no terraço da nossa casa. Não dei importância a isso, porque pensei que, como não tínhamos fotos com o nosso filho Ernesto, que havia nascido quando Che se encontrava na Argélia, ele desejava deixar um registro de um ciclo que se fechava.

Mais tarde, soube que tinha pedido uma casa na praia, coisa que nunca fizera antes, e para ali nos dirigimos, para

Bocaciega, lugar de triste lembrança para mim, diria que quase assustador. Quando ficamos a sós, me confessou a sua pronta partida, e eu tive a sensação de que o mundo havia terminado para mim. Assim nos despedimos...

Um tempo depois da sua partida — não tenho certeza, mas acho que foi no mesmo dia em que Fidel leu a sua carta de despedida —, Vilma veio à minha casa para me entregar as cartas que ele escreveu para os filhos e para os pais, junto com um envelope à parte que dizia "Só para você" e que continha umas fitas com uns poemas gravados com a sua voz, os que mais tínhamos compartilhado nos nossos momentos íntimos. Era o seu adeus, que eu não imaginei assim, mas me dei conta de que o tinha feito da forma que mais se aproximava dos seus sentimentos e do seu modo de se expressar. Com eles, tinha me deixado uma parte do melhor de si, e me dava a entender que eu estava incluída no seu mundo para sempre.

Nem preciso dizer o impacto que me causou ouvir na sua voz os "nossos poemas", entre os quais se encontravam "Farewell" e *Vinte poemas de amor e uma canção desesperada*, de Pablo Neruda; "Idílio morto" e "Os arautos negros", de César Vallejo; "La sangre numerosa" e "El abuelo", de Nicolás Guillén; e "La pupila insomne", de Rubén Martínez Villena. O choro surgiu sem que pudesse pará-lo, como nos meus melhores momentos, só que desta vez existia um imenso abismo entre as minhas lágrimas anteriores e estas, que me deixavam uma sensação de impotência, difícil de explicar. Quantas vezes eu os ouvi! E sempre produzem em mim a mesma inquietação e sempre regressa a pergunta frustrante de se deveria ter ido junto com ele apesar das determinações compartilhadas. Estava convencida de que nada seria igual para mim e de que só poderia aguardar, reforçando o meu otimismo e vendo crescer os nossos filhos, frutos verdadeiros do amor, do nosso amor.

VIII

Existem circunstâncias nas quais as palavras perdem o seu significado e não sabemos ou não podemos explicar a exata dimensão do que está nos acontecendo. Assim eu me encontrava no momento da despedida, a primeira de outras que pareceriam definitivas. Não sabia então que me esperavam encontros similares, e que sempre me deixariam essa sensação estranha, em que, acima de qualquer razão, os meus instintos primários tratavam de preservá-lo, apesar de que sabia de sobra que a situação era irreversível. Por isso, assimilá-lo me custava tanto, aceitá-lo me parecia muito difícil.

Agora que tento relembrar o ocorrido — o que, como uma espécie de ostra fechada, eu me prometera nunca contar —, tenho a mesma impressão e me assaltam os mesmos temores daqueles dias, nos quais me aferrava ao que já não seria igual.

Quando nos despedimos, supúnhamos que a comunicação ia demorar, o que por sorte não aconteceu. Sobretudo nos primeiros tempos, pudemos nos escrever com bastante assiduidade, e assim se atenuou a enorme carga de incerteza que permanentemente nos acompanhava. Recorríamos aos muitos companheiros em função de emissários que levavam e traziam as cartas: Osmany Cienfuegos, José Ramón Machado Ventura, Ulises Estrada, Fernández Mell, Emilio Aragonés, entre outros que passavam pelo acampamento de Che ou permaneciam nele, cumprindo diversas tarefas.

Pelo conteúdo das cartas, que conservo como parte dos meus pertences mais estimados, podia compreender que não apenas eu estava me colocando à prova, mas que também para Che a separação era extraordinariamente dura e muito difícil. Nisto tenho que lhe dar total razão, porque eu ao menos contava com o consolo e a companhia dos nossos filhos, testemunho constante do nosso amor.

Passados os anos, relendo uma vez mais as cartas que ele me enviou dessas distantes terras do Congo, posso calcular o enorme sacrifício que significou para Che nos deixar para trás e, acima de todas as coisas, a descomunal grandeza da sua entrega sem limites à luta por alcançar um mundo mais justo e eqüitativo. Na primeira carta enviada, as suas palavras e o seu estilo sintetizam isso muito melhor do que se eu decidisse explicar:

> Minha única no mundo,
>
> (Pedi isso emprestado ao velho Hikmet)*
>
> Que milagre você fez com a minha pobre e velha carapaça? Já não me interessa o abraço real e sonho com as concavidades em que você me acomodava e com o seu cheiro e as suas carícias toscas e agrestes.

*Che se refere ao poeta turco Nazim Hikmet (1901-1963). (N. do T.)

Isto é outra serra Maestra, mas sem o sabor da construção nem, ao menos, a satisfação de senti-lo como meu.

Tudo transcorre num ritmo lento, como se a guerra fosse uma coisa para depois de amanhã. Por enquanto, o seu temor de que me matem é tão infundado quanto o seu ciúme.

Meu trabalho se compõe do ensino de francês em várias aulas por dia, aprendizagem de suaíli e medicina. Dentro de uns dias, começarei um trabalho sério, mas de treinamento. Uma espécie de Minas del Frío, da guerra; não a que visitamos juntos.

Dê um beijo cuidadoso para cada criança (também para Hildita).

Tire uma foto com todos eles e mande para mim. Não muito grande e outra pequenininha. Aprenda francês, mais que enfermagem, e me ame.

Um longo beijo, como de reencontro.

Amo você,

Tatu

Com este pseudônimo que significa "o três", seguindo a numeração em suaíli, e que sempre empregou durante o tempo em que permaneceu na África, nos mantivemos em contato.

Nessa longa espera, concentrei a minha atenção essencialmente nas crianças, que ainda eram muito pequenas, além de seguir cuidando de algumas tarefas da FMC, embora não como profissional, porque, nessa luta comigo mesma, no fundo não queria me sentir presa a nenhuma responsabilidade que me impedisse, num futuro, me unir de novo com Che, quando as circunstâncias permitissem isso.

Essa adaptação não desejada se rebelava de forma constante, o que obrigava Che a me pedir sempre que não me desesperasse, a insistir em que estudasse francês para poder me comunicar melhor se chegasse ao Congo. Na realidade, embora tratasse de preencher o tempo da melhor maneira, não me encontrava preparada para assimilar o que estava ocorrendo; tinha que passar um tempo prudente para organizar de novo a minha vida e o meu futuro, no qual sempre incluía Che, muito distante de vislumbrar o que aconteceria por fim.

No transcurso da sua estadia no Congo, soube do falecimento da sua mãe, o que produziu nele uma amarga tristeza, pois estavam unidos por um profundo carinho. Fez com que eu soubesse da sua angústia por uma carta, na qual expressava a esperança de "que não tenha sofrido fisicamente e que não tenha tido quase tempo de pensar em mim".

Em memória da sua mãe, escreveu um dos seus mais comovedores relatos, "La piedra", no qual verteu os seus sentimentos mais profundos. Ao evocá-la, expressou: "[a] necessidade física de que a minha mãe apareça e eu recline a minha cabeça no seu colo magro e ela me diga: 'meu filho', com uma ternura seca e plena. E sentir no cabelo a sua mão desajeitada, acariciando-me aos saltos, como um boneco de corda, como se a ternura lhe saísse pelos olhos e pela voz [...]. Não é necessário lhe pedir perdão; ela compreende tudo; uma pessoa sabe disso quando escuta esse 'meu filho'..."

Esse era o homem que, apesar da sua aparente severidade, eu conhecia nas suas fibras mais íntimas; por isso, sempre fui consciente do tremendo esforço que fazia para levar adiante os seus projetos mais nobres e puros. Às vezes, teve que se mostrar firme, convincente e amoroso ao mesmo tempo, e se mostrar tal qual eu sabia que era, devido à minha insistência em nos encontrarmos:

> Não me chantageie. Você não pode vir aqui agora nem dentro de três meses. Dentro de um ano, será outra história e veremos. É preciso analisar bem isso. O imprescindível é que, quando vier, você não seja "a senhora", mas a combatente, e para isso deve se preparar, ao menos em francês [...].
>
> Assim passou uma boa parte da minha vida: tendo que refrear o carinho por outras considerações e as pessoas achando que lidam com um monstro mecânico. Ajude-me agora, Aleida, seja forte e não me arranje problemas que não podem ser resolvidos. Quando nos casamos, você sabia quem eu era. Cumpra a sua parte do dever para que o caminho seja mais suportável, porque ele é muito longo ainda.
>
> Ame-me, apaixonadamente, mas compreensivamente; o meu caminho está traçado, nada me deterá senão a morte. Não sinta pena de si mesma; enfrente a vida e a vença, e faremos juntos alguns trechos do caminho. O que levo dentro de mim não é nenhuma despreocupada sede de aventuras e eu sei o que isso implica; você deveria entrevê-lo [...].
>
> Eduque as crianças. Não as acostume mal, não as mime demais, principalmente Camilo. Não pense em abandoná-las porque não é justo. São parte de nós.
>
> Um abraço longo e doce, seu
>
> Tatu

Fui suficientemente forte como me pedia Che? Não sei com certeza. Algumas vezes, me achava Dulcinéia e outras Sancho Pança, ambos desejosos de seguir o Dom Quixote dos tempos modernos com o qual me coubera viver, e que, como o personagem cervantino, transbordava ternura, mas não duvidava de enfrentar os novos moinhos, de diferentes feitios, mas com propósitos similares.

Esperava, talvez não muito pacientemente, embora com resignação, o tempo adequado para me unir a ele. Enquanto isso, os acontecimentos no Congo se precipitavam e pressagiavam um desenlace que não era o esperado nos primeiros tempos da contenda. Apesar disto, Che continuava organizando as forças e as ações, e mantinha os seus costumes como prova da disciplina e perseverança que mostrou ao longo da sua vida. Incrementou o número de leituras, como sempre fazia, muito abrangentes e cada vez mais profundas. É extraordinário como, em meio a tantas dificuldades, às características inóspitas do lugar e com a consciência clara sobre o que se avizinhava, seguia com os seus estudos de filosofia e outras matérias que lhe servissem para desenvolver projetos teóricos válidos para o futuro do socialismo no Terceiro Mundo. A lista dos livros que me pedia, constantemente, fala por si mesma da sua dedicação e da sua vocação literária. Junto aos títulos, às vezes, punha algumas especificações entre parênteses:

Odes triunfais, de Píndaro
Tragédias, de Ésquilo
Dramas e tragédias, de Sófocles

Dramas e tragédias, de Eurípides
Comédias completas, de Aristófanes
Histórias, de Heródoto
Helênicas, de Xenofonte
Discursos políticos, de Demóstenes
Diálogos, de Platão
A *república*, de Platão
Política, de Aristóteles (este especialmente)
Vidas paralelas, de Plutarco
Dom Quixote de La Mancha
Teatro completo, de Racine
A *divina comédia*, de Dante
Orlando furioso, de Ariosto
Fausto, de Goethe
Obras completas, de Shakespeare
Exercícios de geometria analítica (do santuário)

Apesar do esforço, a luta no Congo chegou ao seu fim e, sobre o ocorrido, recebi uma carta de Che escrita em 28 de novembro de 1965, quando já se encontrava na Tanzânia. Nela expunha não só os fatos, mas também o seu estado de ânimo e o futuro das suas ações, tratando uma vez mais de me fazer entender como seria difícil o nosso reencontro. Acho que só uma pessoa como Che, com a sua capacidade analítica e as suas férreas convicções, podia chegar a vislumbrar os acontecimentos que se avizinhavam, aqueles que sentia como parte da sua própria natureza:

Minha querida,

Alcancei a outra carta que lhe mandava. Tudo se precipitou de forma contrária às esperanças. Osmany pode contar para você o desenlace; só lhe direi que a minha tropa, da qual me sentia orgulhoso e seguro nos primeiros dias, foi se diluindo, ou melhor, amolecendo como manteiga na frigideira e escapou da minha mão. Voltei, pelo caminho da derrota, com um exército de sombras. Tudo já passou e vem a etapa final da minha viagem e a definitiva; só me acompanharão agora um punhado de predestinados com estrelas na testa (as de Martí, não as de comandante).

A separação promete ser longa, tinha a esperança de poder vê-la no transcorrer do que parecia uma guerra longa, mas não foi possível. Agora haverá entre nós muita terra hostil e até as notícias escassearão. Não posso vê-la antes porque é preciso evitar toda possibilidade de ser detectado; na mata me sinto seguro, com a minha arma na mão, mas o perambular clandestino não é o meu ambiente e tenho que levar as precauções ao extremo.

Agora vem a etapa verdadeiramente difícil para todos e é preciso se preparar para suportá-la; espero que você saiba fazer isso. Você tem que suportar a sua cruz com entusiasmo revolucionário. Se eu chegar ao destino, quando souberem disso, farão tudo para abafar a coisa no início e as medidas profiláticas de isolamento se tornarão mais rígidas. Sempre encontrei a maneira de fazer com que umas linhas chegassem até você, mas, se não for possível, não pense o pior; no ponto de destino, serei forte outra vez, apesar da diferença de meios que terei a princípio.

Me custa escrever; ou são os detalhes técnicos que não devem interessar ou as recordações de toda a vida passada que tardará a voltar. Porque você deve saber que sou uma mistura de aventureiro e burguês, com um desejo terrível de lar, mas com ânsias de realizar os sonhos. Quando estava na minha burocrática caverna, sonhava com fazer o que comecei a fazer; e agora, e no resto do caminho, sonharei com você e com os meninos que vão crescendo inexoravelmente. Que imagem estranha eles devem fazer de mim e que difícil será que algum dia me amem como pai e não como o monstro distante e venerado, porque será uma obrigação fazê-lo.

Quando eu partir, deixarei para você uns livros e notas, guarde-os. Me acostumei tanto a ler e estudar que isso é uma segunda natureza e torna maior o contraste com o meu espírito aventureiro.

Como sempre, tinha feito um versinho para você e, como sempre, eu o rasguei. Cada vez sou melhor crítico e não quero que ocorram acidentes como da outra vez.

Agora, que estou encarcerado, sem inimigos nas proximidades nem agravos à vista, a necessidade de você se torna virulenta e também fisiológica, e Karl Marx ou Vladimir Ilich nem sempre podem acalmá-la.

Dê um beijo especial para a aniversariante; não lhe mando nada porque é melhor desaparecer totalmente. Vi você fazendo poses numa tribuna; você está muito bem, quase como nos dias felizes de Santa Clara. Eu também me aproximei desse ideal, mas agora volto a ser o insignificante Sansão Rapado.

Eduque as crianças. Sempre me preocupam os homens, sobretudo, e insista com o meu pai para que os visite. Dê um abraço para os seus bons pais que estão por aí e receba o seu; não o último, mas com todo o carinho e o desespero como se fosse. Um beijo.

Ramón

Nessa data, Fidel, que sempre estava a par da nossa família, me convidou para participar no evento da primeira graduação de médicos realizada depois do triunfo da revolução. Ele ocorreu no pico Turquino, a elevação mais alta do nosso país, situada na histórica serra Maestra, na antiga província de Oriente.

A simbologia do lugar era muito forte e todas as efemérides importantes culminavam ali depois de passar pela prova de subir cinco picos da serra, como marca da nossa determinação e para relembrar uma página da nossa história mais recente. Logo depois de chegar, vimos vir Sergio del Valle, que tinha sido ajudante e médico da Coluna 2, comandada por Camilo Cienfuegos, então chefe do Estado-Maior das Forças Armadas. O objetivo da visita era informar Fidel da retirada das tropas comandadas por Che no Congo — o que depois Che me explicaria com mais detalhes na carta. Os pormenores do ocorrido também foram narrados em *Passagens da guerra revolucionária: Congo*, relatos que ele escreve enquanto permanece na Tanzânia, utilizando o seu diário de campanha, costume muito pessoal e que tinha como antecedente *Passagens da guerra revolucionária*, onde narrava a luta guerrilheira em Cuba.

Desde o momento em que se soube da retirada das tropas no Congo, tive o consentimento de Fidel para me encontrar com Che. Mais uma vez, ele atuava como mediador entre nós, só que, desta vez, eu confiava em que não encontraria a mesma resistência de quando Che se opôs a que eu viajasse para me juntar ao grupo que efetuava o roteiro pelos países do Pacto de Bandung.

Ele estaria de acordo? Pelas circunstâncias, parecia que não, mas, para a minha satisfação, eu me equivoquei. Tive a confirmação da minha viagem para a Tanzânia em dezembro, o que me fez extraordinariamente feliz, em um dos fins de ano mais esperados da minha vida devido à iminência da partida.

Janeiro de 1966 chegou com muita força. Não me lembro dos argumentos de Che nem do seu trabalho de persuasão, nada me detinha e, pelo jeito, a decisão de nos encontrarmos não lhe pareceu inapropriada, embora eu ache que teria feito tudo isso sem medir as conseqüências. Por volta de 15 de janeiro, não posso precisar totalmente, efetuei a viagem, fazendo escala em Praga, onde dormi em um apartamento que tempos depois seria utilizado por Che e outros companheiros, enquanto se realizavam os preparativos para a sua definitiva viagem para a América Latina. Em um próximo encontro em Praga, também ficamos nesse apartamento.

Realizei o trajeto em companhia de Juan Carretero (Ariel), companheiro que pertencia ao Departamento América, dirigido pelo lendário combatente Manuel Piñeiro, um dos pilares na coordenação e nos vínculos com os movimentos revolucionários no nosso continente. De Praga, passamos para o Cairo e daí para a Tanzânia.

Ali Che me aguardava, convertido em um personagem quase desconhecido para mim, barbeado e vestido sem o inseparável uniforme verde-oliva que sempre usava em Cuba. Cheguei muito nervosa, em um mar de dúvidas e com uma incógnita maior que a esfinge que eu tinha deixado para trás no Cairo. No entanto, esse estado desapareceu imediatamente ao me dar conta de que era ele e de que já estávamos juntos de novo.

Para realizar a viagem, haviam feito algumas mudanças em mim: usava uma peruca de cabelos negros e acho que uns óculos, que, naquela época, eu ainda não tinha que usar e que me davam um ar de pessoa mais velha. Dessa maneira, nos defrontamos: com imagens diferentes, mas, na essência, os mesmos.

Acho que foi o sonhado por nós durante muito tempo; estaríamos completamente sós e assim sucedeu. O confinamento voluntário era absoluto por razões de segurança, o que não nos importou de modo nenhum; eu diria que, na verdade, nos alegrou. Vi a cidade na minha chegada e quando parti; só tive olhos e ouvidos para absorver e dar o que fomos capazes de nos entregar, nada mais fazia falta.

O lugar escolhido não era muito agradável, mas nem nisso reparávamos; só existia a nossa felicidade. Era uma sala convertida em um lugar para estudar, conversar e dormir; um cômodo com banheiro. Aí Che revelava as fotografias que ele mesmo tirava com uma camerazinha mais profissional, algumas das quais tenho em meu poder como registro desses dias únicos. Até posso dizer que instauramos alguns hábitos já conhecidos: depois do café-da-manhã, eu lia, sempre sob a orientação habitual de Che, e ele lia ou escrevia. Nesse tempo, começou a me dar aulas de francês. Ele tinha conseguido!

Durante esses dias, também gravou com a sua voz uns contos para as crianças, os quais, ao meu regresso, lhes entreguei como um dos tesouros mais estimados que o seu pai lhes reservava. Escreveu também uma carta para Fidel e me pediu que a fizesse chegar a ele — recordo que eram comentários sobre a luta do movimento de libertação na Guatemala.

Conversamos sobre muitos temas. Lembro-me das suas reflexões sobre o conteúdo da sua carta de despedida lida por Fidel e de que insistia muito na importância que tinha para ele. Nunca esquecerei como foi transparente quando me expressou a sua convicção de que, onde quer que fosse lutar depois do Congo, inclusive ali, o seu grito de guerra seria sempre o da sua revolução, a revolução cubana: "Até a vitória, sempre pátria ou morte."[10]

Claro que nem tudo era seriedade. Em tom de brincadeira, também relembrávamos um ou outro acontecimento simpático das nossas vidas e, evidentemente, esclarecíamos equívocos ou mal-entendidos, triviais ou não, mas de igual importância, algo assim como um "retrospecto necessário".

Por fim, pudemos esclarecer o caso da secretária que eu encontrei quando comecei a trabalhar no INRA, no já distante ano de 1959: ele sempre supôs que eu tinha lhe pedido que fosse embora, porque o seu trabalho não era necessário já que eu me ocupava dos seus assuntos pessoais.

---

[10]O leitor não deve estranhar a presença de uma vírgula fora de lugar ou interpretar como um erro da minha parte, tampouco pretendo que se mude o sentido de uma frase que se tornou um grito de rebeldia e esperança para o que há de mais nobre nos nossos povos. Decidida a compartilhar alguns detalhes que deixaram profundas marcas em mim, não posso deixar de me deter neste e lhes transmitir a força com a qual expressou o que na realidade quis dizer e quanto lamentou o seu erro ao pôr a vírgula onde não devia; o que queria dar a entender era que, quaisquer que fossem as circunstâncias nas quais se encontrasse, sempre agiria ao chamado de "pátria ou morte!".

Cada vez que tratávamos do tema, eu negava a minha participação no fato, mas, nesse dia, depois de seis anos, reconheci tudo e, de uma vez por todas, esclareci que não tinha sido por ciúme ou porque pensasse mal da garota, mas porque eu estava segura de que, do ponto de vista político, ela não se encontrava à altura do que devia ser uma secretária para ele; em poucas palavras, que não era confiável. Em suma, saí desse "mal-entendido" e Che se sentiu satisfeito por estar certo de que nunca tinha se enganado sobre a minha participação nessa decisão.

Falávamos também de amigos comuns, do ocorrido com a minha amiga Lolita Rosell, à qual me uniam laços de afeto muito fortes, desde os tempos da luta clandestina na minha província, no Movimento 26 de Julho. Depois do triunfo, Lolita se engajou no trabalho e foi designada presidente da FMC em Las Villas. Enquanto desempenhava essas funções, viu-se em dificuldades, como conseqüência dos erros que se cometeram no nosso país na época do sectarismo, durante os primeiros anos da década de 1960, a tal ponto que solicitou a Che uma reunião, com a qual ele concordou desde que estivessem presentes o organizador do Partido Unido da Revolução Socialista (PURS), Emilio Aragonés; o chefe do Exército na província, William Gálvez; e um membro da direção do antigo PSP, o companheiro Luzardo, ministro do Comércio Interior naquele momento.

Do resultado dessa reunião, enquanto Che esteve em Cuba, nunca me inteirei, por ser considerado confidencial. Só conhecia o que a minha amiga tinha me contado. Sabia que ficara satisfeita porque tinha podido dizer tudo o que pensava, mas foi na Tanzânia que conheci, por Che, mais detalhes e quão valente tinha sido o comportamento de Lolita. Segundo Che, quem cantou de galo foi ela ao explicar os erros da política que estava se seguindo e as suas preocupações pelo que isso poderia acarretar para a integridade da revolução. Depois dessa reunião, Lolita veio para Havana por sugestão de Che, e, como prova da sua confiança, ele a colocou para trabalhar no recém-criado Ministério da Indústria Açucareira.

Os planos a serem executados por Che urgiam, já que, apesar do ocorrido no Congo, não recuava do seu empenho de começar a luta no ponto que tinha sido sempre o seu ideal, como fiel continuador das idéias de Bolívar e Martí: a nossa América.

Não recordo exatamente a data em que partiu para Praga, ou talvez a minha mente tenha se recusado a guardá-la; acho que foi na primeira quinzena de março. Eu fiquei mais uma vez sozinha, no que nos tinha servido de refúgio solidário. Triste, claro; nem sequer as leituras me serviam de consolo. Apesar das recomendações de Che, quase não chegava a entender parte do que lia. Talvez devesse ter escrito as minhas impressões, mas tampouco fiz isso.

No meu abatimento, pensava novamente que era a separação definitiva ou, pelo menos, que passariam alguns anos até nos encontrarmos em paisagens e ambientes diversos. Sabia que tinha de me acostumar e conviver com a situação constante de que era a última vez. Quase morria cada vez que isso acontecia e, no entanto, como uma fênix, voltava a renascer apagando os temores e recuperando o meu otimismo quando me reencontrava com Che. Não sei quantas vezes cumpri a sua recomendação de que devia ser forte e não sei quantas vezes mais tinha a sensação da frustração e do final.

Sabia de antemão que o meu futuro estaria sempre cheio de inquietudes, de sobressaltos. Desta vez, tínhamos experimentado tanta quietude e prazer por nos encontrarmos juntos que, ao pensar no que estava por vir — consciente de como seria terrível um não poder saber nada do outro —, sentia uma angústia permanente. Ao menos no Congo pudemos nos comunicar mensalmente, mas agora a dúvida pungente não acabava: como poderia ter notícias dele? Nada era nem seria igual.

Com essa incerteza, regressei a Cuba, depois de ter permanecido aproximadamente um mês e meio. Desta vez, do Cairo fui para Moscou em companhia de Oscar Fernández Padilla, a quem tinham dado a tarefa de me acompanhar.

Apesar da batalha interior dos meus sentimentos, o reencontro com os meus filhos, a satisfação de lhes entregar a fita com os contos gravados pelo seu pai e a tranqüilidade de estar entre os meus me devolveu um pouco da paz de que tanto necessitava.

Passados uns dias, pude compreender que nós dois vivíamos momentos muito difíceis quando recebi uma chamada para pegar nos escritórios de Fidel uma pequena caderneta que Che me enviava com anotações pessoais. Numa delas, que intitulou "Envio", pode-se medir o seu estado de ânimo e a certeza que tinha nessa época de que não voltaríamos a nos ver durante longo tempo:

> Amor: chegou o momento de enviar um adeus que tem gosto de campo-santo (de folhas secas, de algo distante e em desuso, no mínimo). Gostaria de fazê-lo com essas cifras que não chegam à margem e costumam se chamar poesia, mas fracassei; tenho tantas coisas íntimas para o seu ouvido que a palavra já se torna carcereiro, ainda mais esses algoritmos esquivos que se distraem em quebrar o meu estilo. Não sirvo para o nobre ofício de poeta. Não é que não tenha coisas doces. Se você soubesse as que existem formando redemoinhos no meu interior. Mas é tão longo, encrespado e estreito o caracol que as contém, que saem cansadas da viagem, mal-humoradas, esquivas, e as mais doces são tão frágeis! Ficam despedaçadas no trajeto, vibrações dispersas, nada mais. [...]
>
> Careço de condutor, teria que me desintegrar para dizê-lo de uma vez. Utilizemos as palavras com um sentido cotidiano e fotografemos o instante.
>
> [...] Assim amo você, com lembrança de café amargo em cada manhã sem nome e com sabor de carne limpa da covinha do seu joelho, um charuto de cinza equilibrista e um resmungo incoerente defendendo o impoluto travesseiro [...].
>
> Assim amo você; olhando as crianças como uma seqüência sem história (aí a suporto porque não me pertencem as suas vicissitudes), com uma pontada de atiradeira nos flancos, uma tarefa apostrofando o ócio desde o caracol [...].
>
> Agora será um adeus verdadeiro; a lama me envelheceu cinco anos; só resta o último salto, o definitivo.

> Acabaram-se os cantos de sereia e os combates interiores; levanta-se a fita para a minha última corrida. A velocidade será tanta que todo grito ficará para trás. Acabou-se o passado; sou um futuro a caminho.
>
> Não me chame, não a ouviria; só posso ruminá-la nos dias de sol, sob a renovada carícia das balas [...].
>
> Lançarei um olhar em espiral, como a derradeira volta do cachorro ao descansar, e os tocarei com a vista, um a um e todos juntos.
>
> Se sentir algum dia a violência impositiva de um olhar, não se volte, não quebre o conjuro, continue passando o meu café e me deixe viver você para sempre no perene instante.

Em meio a essa cotidianidade prazerosa que nos proporciona o que sempre amamos, houve tempo para um adeus não definitivo. Mais uma vez, a vida sorriu para mim e, no mês de abril de 1966, pude me encontrar de novo com Che, apesar das suas dúvidas e das minhas constantes queixas, as quais ele já interrompera por meio de uma carta, sem data, que tinha escrito:

> Bilhete. Não é verdade que não queira ver você nem que tenha fugido [...]. Vim para impulsionar as coisas e algo já foi impulsionado; não achei bom que viesse porque poderiam detectá-la (tchecos ou inimigos), porque se notaria novamente a sua ausência em Cuba, porque custa dinheiro e porque me amolece as pernas. Se Fidel quer que você venha, que ele os pese (os fatores que podem lhe interessar) e decida [...].

Praga foi a cidade encantada. Não importa que não pudéssemos aproveitá-la plenamente porque devíamos manter uma disciplina rígida e o maior segredo. Para nós, bastava poder estar juntos.

Nessa bela cidade, vivemos em dois locais: o primeiro era um apartamento que eu já conhecia, porque o tinha utilizado na escala da minha viagem para a Tanzânia. O lugar era bastante reduzido, pois só contava com uma sala-quarto e um banheiro que se empregava, ademais, para outros fins: cozinha e lavagem de roupas. Aqui permanecíamos durante a semana.

O outro lugar era uma casa de campo mais ampla e agradável, embora eu não possa descrevê-la com exatidão. Na habitação, morava a dona com a sua filha, que tinha retardo mental. Esta senhora era quem cozinhava para nós. Convivíamos com alguns dos combatentes que depois partiriam com Che para a Bolívia: Alberto Fernández Montes de Oca (Pacho), Harry Villegas (Pombo) e Carlos Coello (Tuma), entre outros que nos visitavam por razões de trabalho.

À noite, para nos entretermos, jogávamos canastra em sessões não muito afortunadas para mim, pois eu não era muito hábil nesse jogo, e era Che quem me ajudava a ganhar. Tenho de dizer que sempre foi assim; toda vez que me encontrava em apuros, saía em meu auxílio. Assim ocorria nos treinamentos de tiro que realizávamos: punha-se atrás de mim para endireitar a minha posição, e nunca permitiu que me saísse mal diante de qualquer situação em que me punham à prova. Nisso, como em todo o resto, me fazia sentir o seu carinho e apoio.

Nessas sessões de tiro, o único de quem eu conseguia ganhar era Coello, incrivelmente muito menos hábil na matéria que eu, pois a habilidade não lhe fazia falta em absoluto nesses momentos. Todos nós desfrutávamos as suas brincadeiras e a sua eterna simpatia e retribuíamos isso com o nosso incondicional afeto. Por esse motivo, quando conversávamos, nesses dias que também foram de muita alegria, eu lhe dizia em tom de gracejo que ia ocupar o seu lugar na futura contenda, e o enfatizava para ver se me levavam em consideração.

Durante o dia, às vezes, se o tempo permitisse, saíamos para caminhar por um bosque de pinheiros muito próximo da casa e, à noite, ao terminar o fim de semana, regressávamos para a cidade com José Luis Ojalvo, o companheiro que nos assistia em Praga.

Uma ou outra vez, quebrávamos a disciplina e escapávamos. Em uma dessas raras ocasiões, recordo que fomos comer em um restaurante próximo do apartamento. Ali nos aconteceu algo simpático: no geral, pedíamos bisteca e Che fazia esse pedido tratando de pronunciá-lo o mais parecido com o tcheco, mas um dia, confiantes no seu domínio do francês, decidimos comer algo diferente e qual não foi a nossa surpresa quando vimos o garçom nos trazer nossos respectivos pratos de *bistec anglisqui*, igual às costumeiras. Rimos muitíssimo do francês tão perfeito do garçom, éramos tão felizes! Não preciso dizer o muito que aproveitamos essas escapadas a sós, incluída a que fizemos ao estádio para assistir a um jogo de futebol.

Com um pouco de nostalgia, me vem à mente um passeio campestre que fizemos e no qual, ao nosso regresso, visitamos um pequeno hotel de beira de estrada, muito aconchegante. Ali, como sempre, sonhamos um pouco e fizemos planos para voltar em outra ocasião, o que não ocorreu, porque "de algum lugar" nos chegou a informação de que podiam detectá-lo. Isso nos cortou as asas, porque sob nenhuma hipótese podíamos pôr em risco o que se estava preparando: era muito o que se punha em jogo. Mais uma vez, preteríamos os nossos pequenos prazeres e, por essa razão, tampouco pudemos ver Karlovy Vary, lugar que Che queria que visitássemos juntos.

No final de maio, inesperadamente se recebeu a notícia de um possível ataque a Cuba por parte dos Estados Unidos, como conseqüência do assassinato de um dos nossos soldados, encarregados de vigiar a base naval de Guantánamo, território usurpado pelos norte-americanos desde a nossa erroneamente chamada independência em 1902.

Diante da gravidade da situação, Che adiantou a data da minha partida, que tínhamos preparado para depois de 2 de junho, data do nosso aniversário de casamento. Mentiria se dissesse que desejava voltar, mas as razões eram muito fortes, tinha que estar ao lado das crianças e cumprir com o meu dever. Por outra parte, Che havia tomado a decisão de que, em caso de um ataque inimigo, regressaria a Cuba para lutar junto do seu povo.

Um dia antes e sem que ele soubesse, fui às lojas e lhe comprei umas abotoaduras. Eram pequenas, mas sabia que sempre as levaria com ele e acho que assim o fez. Nunca as recuperei e tenho certeza de que alguém as conserva como butim de guerra.

Ao regressar a Cuba, em julho de 1966, para o seu treinamento, foi quando se inteirou de que tinha sido eu quem o presenteara. Esse foi outro momento de singular alegria; apesar das muitas lágrimas derramadas no tempo transcorrido, nada nem ninguém pode apagar nem me arrebatar os momentos de felicidade compartilhados.

O retorno não estava dentro do cálculo de probabilidades imediatas pensadas por Che; no entanto, a persuasão de Fidel foi de novo mais forte que a sua reticência. Escreveu-lhe uma carta memorável, remetida para Praga, na qual lhe propunha que viesse completar a fase final do treinamento, e garantia, da sua parte, total discrição:

> Caro Ramón,
>
> Os acontecimentos antecederam os meus projetos de carta [...].
>
> No entanto, me parece que, dada a delicada e inquietante situação em que você se encontra aí, deve, de qualquer forma, considerar a conveniência de dar um pulo até aqui.
>
> Levo muito em consideração que você é particularmente arredio a considerar qualquer alternativa que inclua pôr um pé em Cuba, se não for no muito excepcional caso mencionado acima. Isso, no entanto, analisado fria e objetivamente, cria obstáculos para os seus propósitos; algo pior, coloca-os em risco; dificulta extraordinariamente as tarefas práticas a serem realizadas; longe de acelerar, atrasa a realização dos planos e o submete, ademais, a uma espera desnecessariamente angustiosa, incerta, impaciente.

E tudo isso, por quê? Não intervém nenhuma questão de princípios, de honra ou de moral revolucionária que o impeça de fazer um uso eficaz e cabal das facilidades com que realmente pode contar para cumprir os seus objetivos.

Fazer uso das vantagens que objetivamente significam poder entrar e sair daqui, coordenar, planejar, selecionar e treinar quadros e fazer daqui tudo o que com tanto trabalho só deficientemente você pode realizar daí ou de outro ponto similar, não significa nenhuma fraude, nenhuma mentira, nenhum engano ao povo cubano ou ao mundo. Nem hoje, nem amanhã, nem nunca ninguém poderia considerar isso uma falta, e, mais que ninguém, você ante a sua própria consciência. O que sim seria uma falta grave, imperdoável, é fazer as coisas mal podendo fazê-las bem. Ter um fracasso quando existem todas as probabilidades de êxito [...].

Espero que estas linhas não produzam aborrecimento e preocupação em você. Sei que, se as analisar serenamente, me dará razão com a honestidade que o caracteriza. Mas, ainda que tome outra decisão absolutamente diferente, não me sentirei por isso desapontado. Eu escrevo estas linhas com grande afeto e a mais profunda e sincera admiração à sua lúcida e nobre inteligência, à sua irrepreensível conduta e ao seu inquebrantável caráter de revolucionário íntegro, e o fato de que você possa ver as coisas de outra forma não variará um triz esses sentimentos nem esmorecerá nada a nossa cooperação [...].

Tanta prova de lealdade e respeito confirma o que para mim sempre foi a expressão de uma união profunda, posta à prova em condições muito difíceis; união que, contrariamente às calúnias e mentiras, resistiu ao tempo e ficará para a história como a amizade sem limites de dois guerreiros, dois homens inabaláveis.

Recebi uma breve nota, com o codinome que tinham me dado. Ali ele me censura que, por razões de segurança, eu lhe tivesse arrancado a página na qual o poeta espanhol León Felipe lhe dedicara um exemplar de *El ciervo* [O cervo]. Reproduzo a nota textualmente para que se possa, mais uma vez, constatar o imenso valor das suas decisões e o acúmulo de sensações encontradas em meio à sua costumeira austeridade:

> Josefina, meu amor,
>
> Acho que logo receberei outra ducha quente e salgada. A coisa é de clandestino e meio.
>
> Você me capou *El ciervo*; não a perdôo isso. Se eu for, levarei para você as coisas.
>
> Um beijo morno, porque é muito novo e vai esperançoso.
>
> Outro grande para as crianças.
>
> Seu Ramón

Fizeram a sua viagem coincidir com as festas pelo 26 de Julho, quando muitos convidados eram recebidos no aeroporto, o que tornava mais fácil a sua entrada sem que os repórteres fotográficos pudessem identificá-lo. Não obstante o preparado, como quase sempre, apareceu algum obstáculo.

Na sua chegada, a equipe do cineasta Santiago Álvarez se encontrava filmando o desembarque de diversas personalidades, de modo que, imediatamente, dois companheiros do Departamento América — Juan Carretero e Armando Campos, com o dispositivo preparado — o tiraram dali, e depois foram para o ICAIC com o objetivo de interceptar as fitas e impedir que viessem a público.

Passariam muitos anos antes que se conhecessem estes pormenores contados pelos seus protagonistas. Santiago, mestre de documentaristas, foi quem narrou como apareceram no estúdio e pediram para conferir as fitas. Entre tantas imagens, a busca se tornava difícil, sobretudo porque não tinham lhe dito nada, até que finalmente acharam o que queriam. A incógnita se manteve e, nos anos noventa, a história foi recuperada.

Essas medidas eram corretas, embora eu esteja convencida de que teria sido muito difícil identificar Che depois da transformação que sofreu antes da sua partida de Praga, com lentes muito grossas e um enchimento nas costas que o tornava mais corpulento e encurvado, traços que lhe davam um aspecto de homem idoso.

Não sei precisar se foi nesse mesmo dia que Celia Sánchez me telefonou para dizer que ia me buscar em minutos e que, se eu quisesse, podia levar o Ernesto, o menor dos meus filhos, a quem Che mal conseguira conhecer, pois tinha só um mês quando ele partiu para o Congo. As palavras não eram necessárias, sabia do que se tratava.

Apanhei o que era imprescindível enquanto esperava Celia, que veio me buscar dirigindo ela mesma o automóvel.

Foi a minha primeira visita a San Andrés de Caiguanabo, em Pinar del Río, lugar de extraordinária beleza, local escolhido por Fidel para o treinamento de Che e do pequeno grupo de combatentes que o acompanhariam à Bolívia.

No dia seguinte, retornei para casa com a promessa de regressar toda vez que as circunstâncias permitissem, porque a minha ausência prolongada poderia ser notada e começariam os rumores, em momentos em que não devíamos fazer nada que afetasse o curso do que tinha sido planejado.

Nenhuma dessas medidas me afetava, até desfrutava a sua presença secreta. Para mim, o mais importante era saber que ele estava perto, fora de todo perigo, entre companheiros e amigos, distante de alguma bala inimiga ou de uma delação que pudesse deter os seus anseios libertários.

Eu viajava toda vez que podia, às vezes com estadias mais prolongadas, porque Che tinha me autorizado a realizar um treinamento parcial junto com o resto dos companheiros. Caminhávamos longas jornadas a pleno sol, eles com as suas mochilas e armas e eu livre como o vento, seguindo os passos de Che como nos velhos tempos.

Às vezes competíamos com o resto do grupo para ver quem regressava primeiro ao ponto de partida. Che, como era o seu costume, caminhava devagar, quase não descansava e, se parávamos, fazíamos isso sem nos sentar. Com esse método, deixávamos muitos companheiros para trás.

No mês de agosto, recordo que levei comigo a minha filha Celia, que estava doente da garganta e, ademais, só tinha 3 anos; claro, fiz isso com consulta prévia. Não posso esquecer como Che estava feliz e quanto se divertiu, apesar de que a menina estava muito longe de imaginar quão perto se encontrava do seu pai. Desses gratos momentos, guardo com singular afeto as fotos que tiramos. Também Che os conservou na sua memória, porque, na última carta que envia para os seus filhos, por ocasião do aniversário de Aliucha, escreve:

> Celita, ajude sempre a sua avó nas tarefas da casa e continue sendo tão simpática como quando nos despedimos, lembra? Aposto que não.

Poderia contar muitas anedotas, mas temo desviar a atenção desses dias que, sem que eu soubesse, seriam os últimos nas nossas vidas em comum. Numa ocasião, enquanto descíamos de um morro, essas elevações tão típicas de Pinar del Río, a pedra onde eu me segurava se desprendeu e caí de costas, a meio metro do precipício. Rapidamente Che veio em meu auxílio. Por sorte, tudo não passou de simples arranhões; pudemos continuar a caminhada e chegar primeiro que os demais, embora tenhamos deixado um rastro de manchas de sangue em uma das rochas. Quando os companheiros passaram, se preocuparam e se perguntaram o que tinha ocorrido, mas, ao nos ver sentados, os esperando e sorridentes, todos começaram a brincar ao nosso redor. Havia uma aposta tácita para ver quem chegava mais rápido ao ponto de partida. Apesar do pequeno acidente, ganhamos.

Em outra ocasião, durante um entardecer, saímos para passear a cavalo pelas colinas dos arredores, em companhia de um dos companheiros que sempre se encontrava junto a nós. O imprevisto aconteceu. De repente, o meu cavalo escorregou, fiquei pendurada em uma pequena árvore muito perto do precipício e, sem saber como, o cavalo saltou por cima de mim e caiu no barranco. Che, ao se dar conta, veio logo em meu auxílio, me examinou e, ao ver que eu só tinha alguns arranhões e a calça rasgada, sem pensar duas vezes, desceu para resgatar da baixada o cavalo, o tirou e levou até a casa. Eu regressei montada no seu cavalo.

Entre os pormenores que mais foram narrados está aquele dos primeiros dias em que, já transfigurado em Ramón, seu codinome na guerrilha, se defrontou com um grupo de combatentes, com os quais partiria, para pôr à prova a sua caracterização. Não permitiu que eu saísse, porque, ao me verem, poderiam deduzir tudo, e fiquei detrás de uma janela para presenciar a reação. Apresentaram-no como um instrutor espanhol amigo de Cuba, e ninguém conseguiu identificá-lo, apesar de algumas brincadeiras que fez, até que um deles, Jesús Suárez Gayol, se deu conta de que aquele personagem não era outro senão Che.

A euforia se viu refletida em todos os rostos ao saberem que a tropa seria comandada pelo seu inestimável líder. Era um pequeno grupo testado na batalha e muitos deles tinham sido fiéis colaboradores de Che, não apenas na guerra, mas também na luta maior, a construção de uma nova sociedade. Outros tinham estado recentemente no Congo, entre eles, Octavio de la Concepción de la Pedraja (Moro) e Israel Zayas (Braulio) e os ausentes no treinamento porque formavam a guarda avançada que, há vários meses, se encontrava em La

Paz preparando as condições para recebê-los, entre eles, José M. Martínez Tamayo (Papi ou Ricardo), Harry Villegas (Pombo) e Carlos Coello (Tuma). Eram os "predestinados com estrelas na testa".

Enquanto continuavam os preparativos em San Andrés, às vezes eu cozinhava para todo o grupo: um pouco de afeto e união sempre são importantes em momentos como esses. Aquele que mais se fazia notar era o Moro. Com quilos a mais e tratando de fazer dieta, muitas vezes caçava umas pombinhas como único prato para comer, mas, quando via os demais comendo o que eu tinha feito, cedia e se sentava como o mais esfomeado e esquecia a promessa de continuar o seu regime. Claro, as brincadeiras não tardavam.

Algumas noites, e quando o cansaço permitia, víamos filmes. Na maioria das vezes, eram faroestes, porque eram do gosto da maioria. Esses encontros estavam matizados pela presença, para mim muito desagradável, das rãs, das quais sempre tive uma verdadeira fobia incontrolável e que havia em abundância naquelas paragens. Recordo uma vez que uma caiu na minha perna e foi Joaquín (Vilo Acuña), com muito afeto e amabilidade, quem veio em minha ajuda. É curioso como em circunstâncias extremas deixamos de lado o nosso medo: nem na minha etapa na guerrilha nem no treinamento em Pinar del Río me lembrava absolutamente desse insignificante animalzinho.

A fazenda foi visitada por alguns amigos muito selecionados, devido às medidas de segurança tomadas. Entre os que recordo está Armando Hart, que, sentado com Che na mesa da sala de jantar, falava exaustivamente sobre filosofia, matéria que lhes era muito afim e discutiam sobre a figura sempre polêmica de Sigmund Freud. Esses momentos foram recordados por Armando e por mim com especial prazer, porque essa conversa era uma espécie de resumo de uma discussão anterior motivada por uma longa carta que, em dezembro de 1965, Che tinha lhe enviado. Nela lhe explicava o seu plano para elaborar um manual de filosofia conforme a cultura marxista e que alcançasse o nosso povo e se adaptasse ademais ao resto dos países subdesenvolvidos:

> Meu caro secretário,
>
> Felicito você pela oportunidade que lhe deram de ser Deus; você tem seis dias para isso. Antes que você acabe e se sente para descansar (se não escolher o sábio método de Deus predecessor, que descansou antes), quero lhe expor algumas ideiazinhas sobre a cultura da nossa vanguarda e do nosso povo em geral.
>
> Neste longo período de férias, meti o nariz na filosofia, coisa que há tempos pensava fazer. Dei com a primeira dificuldade: em Cuba não há nada publicado, se excluirmos as maçadas soviéticas que têm o inconveniente de não deixar pensar, o partido já fez isso por você e você deve digerir. Como método, é o mais antimarxista, mas, além disso, costumam ser muito ruins. A segunda, e não menos importante, foi o meu desconhecimento da linguagem filosófica (lutei duramente com o mestre Hegel e, no primeiro round, ele me derrubou duas vezes). Por isso, fiz para mim um plano de estudo que, acho, pode ser estudado e melhorado muito para construir a base de uma verdadeira escola de pensamen-

to; já fizemos muito, mas algum dia teremos também que pensar. O meu plano é de leituras, naturalmente, mas pode ser adaptado para publicações sérias da Editora Política. [...]

É um trabalho gigantesco, mas Cuba merece e acho que poderia tentá-lo. Não o canso mais com esta conversa mole. Escrevi para você porque o meu conhecimento dos atuais responsáveis da orientação pedagógica é pobre e, talvez, não fosse prudente fazê-lo por outras considerações (não só a do servilismo ideológico, que também conta).

Bom, ilustre colega (por causa da filosofia), lhe desejo sucesso. Espero que nos vejamos no sétimo dia. Um abraço para os abraçáveis, e também, aproveitando a ocasião, para a sua cara e belicosa metade.

R.

Os dias de preparação chegavam ao fim, e eu estava desta vez menos travada pela partida, talvez porque tivesse tido a possibilidade de participar em alguns dos preparativos e também porque imaginava um reencontro não muito distante; imaginava uma luta longa, mas não mais de cinco anos de separação. Nunca sabia exatamente a extensão dos prazos, mas achava de modo firme que, passado esse tempo, poderia ir junto com ele. Assim pensava no momento da sua partida.

Com o tempo, cheguei a temer sempre o mês de outubro, porque ele não agraciou os cubanos e, em especial, a mim com bons momentos e reproduzi-los em palavras é uma tarefa quase impossível. No final do mês de outubro de 1966 Che devia partir, já estava tudo pronto.

Mais uma vez, eu me aferrei aos meus desejos e lhe pedi, como tinha feito quando ele partiu para o Congo, que ficasse ainda que fosse um ano, a fim de impulsionar algumas tarefas que lhe tinham sido confiadas anteriormente. Nada o deteria, consciente como estava de que os pilares da revolução cubana estavam firmes e bem alicerçados. Sua presença não era imprescindível, ao passo que, na América Latina, faltava muito a ser feito e ele estava desejoso de contribuir com o seu esforço para reverter o mal, senhor durante séculos.

Alguns dias antes da sua partida, o transferiram para uma casa de segurança situada em Havana, transformado já no velho Ramón, e ali pediu para ver as crianças. Este encontro deveria ser realizado dessa forma, porque temia que os mais velhos, se o reconhecessem, comentassem com alguém, e isto poderia provocar um problema muito grave.

Quando as crianças chegaram, eu lhes apresentei um uruguaio muito amigo do pai deles que queria conhecê-los. Claro que não imaginaram que esse homem, que parecia ter sessenta anos, pudesse ser o seu pai. Tanto para Che como para mim, foi um momento muito difícil; em particular para ele, foi extremamente doloroso, porque estar tão perto deles e não poder dizer isso, nem tratá-los como desejava, o deixava ante uma das provas mais duras pelas quais havia tido que passar.

Para as crianças, foi um dia de diversão; brincaram plenamente e fizeram tudo o que lhes ocorria porque queriam se congraçar com o amigo do seu pai, com o propósito de lhe mostrar tudo o que sabiam fazer; até piano tocaram — na verdade, arranharam.

Aleidita, em uma corrida desenfreada, deu uma pancada na cabeça e foi Che quem cuidou dela. Tal foi a delicadeza com que o fez, que logo depois ela se aproximou de mim para me dizer um segredo, que ele conseguiu escutar: "Mamãe, este homem está apaixonado por mim." Nada dissemos um para o outro, só os nossos semblantes empalideceram diante de tanta carga emocional.

Dessa casa foi embora em direção ao aeroporto; primeiro, iria para a Europa e, depois, seguiria viagem com rumo ao seu destino final. Antes de partir, me fez uma poesia, que, segundo me contaram, quis escrever em um lenço branco que, por fim, ele não encontrou. De qualquer forma, o importante é que, desta vez, não a rasgou e finalmente terminou o que tanto tinha me prometido. Não é preciso dizer que a guardo como um tesouro, um dos mais valiosos que ele me deixou. Copio o último trecho:

> Adeus, minha única,
> não tremas ante a fome dos lobos
> nem no frio estépico da ausência;
> do lado do coração te levo
> e juntos seguiremos até que o caminho se
> desvaneça...

Um ciclo se fecharia e começaria outro? Era preciso esperar. Chorei muitíssimo antes de me recolher ao meu lar. Recordo que me pus a conferir algumas peças de roupa de Rolando (Eliseo Reyes), com o propósito de tirar as etiquetas que pudessem identificá-lo como cubano. Enfim, qualquer pretexto era válido para aliviar as minhas tensões. Tinha de ir embora e enfrentar a vida até receber algum sinal.

De novo a incerteza. As notícias da Bolívia chegavam sempre por meio de terceiros. A única carta que pude receber de lá me foi trazida pelo peruano Juan Pablo Chang (o China), depois da sua visita ao acampamento de Ñancahuasú, em 2 de dezembro de 1966, antes da sua incorporação definitiva à guerrilha:

> Minha única,
>
> Aproveito a viagem de um amigo para lhe mandar estas linhas; claro que podiam ir por correio, mas parece mais íntimo o caminho "paraoficial". Poderia lhe dizer que sinto a sua falta até o ponto de perder o sono, mas sei que não acreditaria em mim de modo que me abstenho. Mas há dias em que a saudade avança incontrolável e se apossa de mim. No Natal e no Ano-Novo, sobretudo, você não sabe como sinto a falta das suas lágrimas rituais, sob um céu de estrelas novas que me recordava quão pouco extraí da vida no plano pessoal [...].
>
> Da minha vida aqui, pouca coisa interessante se pode dizer, gosto do trabalho, mas é excludente e às vezes um pouco cansativo. Estudo, quando me sobra tempo, e sonho em alguns instantes; jogo xadrez, sem adversários de categoria, e caminho bastante. Vou perdendo peso, um pouco de nostalgia e outro do trabalho.
>
> Dê um beijo para os pedacinhos de carne, para todos os outros e receba o beijo cheio de suspiros e outras angústias do seu pobre e rapado
>
> Marido

No geral, esse era o tom das informações, escassas e com poucos detalhes, embora a maioria dessas informações fossem otimistas em relação aos objetivos que a luta libertária do Exército de Libertação Nacional (ELN) perseguia. De certa forma, não deixava de ter razão, porque, ao conhecer posteriormente o arrojo e as ações empreendidas por esse pequeno grupo de combatentes frente a um exército superior em armas e pessoal, podemos calcular a magnitude da sua grandeza. Talvez por esse motivo é que nunca tenha pensado nos resultados finais.

Enquanto isso, a minha vida transcorria nas mesmas condições; a guarnição, mais reduzida, continuava vigilante ao lado da nossa casa. Ocasionalmente, Fidel, preocupado conosco, nos visitava, atento às nossas necessidades. Inclusive, quando da "Mensagem à Tricontinental", trouxe o documento à minha casa para me transmitir as suas impressões, algo aparentemente desnecessário. Mas assim era Fidel com tudo o que tinha a ver com Che, e me deixava saber sobre o andamento da guerrilha.

Minhas obrigações variaram um pouco, porque, antes de partir para a Bolívia, Che havia pedido que eu me matriculasse na universidade, no curso de História, o que fiz em novembro de 1966. Tenho de confessar que não se equivocou; foi, na verdade, uma sábia decisão, pois ocupei parte do meu tempo em estudar e fiz isso quase como um náufrago que encontra aí a sua tábua de salvação.

Eu me esforcei o máximo que pude e aproveitei todo o caudal de conhecimentos que ofereciam, em companhia de pessoas muito jovens, com exceção de María Luisa Rodríguez, mais velha até que eu e que depois se converteu na minha companheira de estudos. Era muito organizada e capaz, também mãe de família e tampouco queria ficar relegada na sua casa como um objeto. Por isso, renunciando à sua origem abastada e à sua vida sem necessidades econômicas, respondeu como toda mulher cubana às exigências do seu tempo.

Cursei os meus estudos com afinco, tratando de me adaptar ao meio, porque me parecia que, em relação aos demais, eu tinha vivido, talvez pela intensidade, muitos anos. Todos os meus companheiros e professores me ajudavam e se aproximavam com mostras de afeto, para me acompanhar em um entorno novo para mim, que eu devia conhecer e compreender para agüentar a minha carga. Até nisso Che me salvou de não ficar isolada no meu pequeno mundo espiritual.

De novo outubro e desta vez o inesperado. Soube de tudo pelo próprio Fidel, que, quando esteve convencido da notícia, mandou me buscar. Eu me encontrava realizando um trabalho histórico-social nas montanhas do Escambray, na minha condição de estudante de História.

Celia em pessoa se deslocou até Santa Clara e, do aeroporto, mandou me buscar para viajar diretamente a Havana. Lá me esperava Fidel, que me levou para a sua casa, onde permaneci sozinha uma semana. Depois ocupei outra, de forma transitória, em companhia dos meus filhos, e ali Fidel nos visitava quase todos os dias.

Nunca poderei esquecer tanta delicadeza e dedicação, porque Fidel nesses dias não poupava tempo para nos auxiliar e tornar mais suportável a nossa carga. Sempre recordarei os seus cuidados, as suas atenções e, sobretudo, a sua ternura, consciente de que também ele sentia profundamente a perda irreparável que significava o desaparecimento físico de Che.

No tempo transcorrido, embora nem sempre o tenha visto assiduamente, por causa do tremendo esforço que durante todos estes anos teve de realizar, nada pôde apagar os nossos afetos e as bases tão sólidas com que foram construídos. Acho que todos concordamos no muito que lhe devemos, e eu, pessoalmente, muito mais.

Em 18 de outubro, realizou-se a vigília solene na praça da Revolução, onde Fidel foi o único orador. Ele me pediu que comparecesse, mas lhe expressei que não tinha forças para me comportar com a serenidade que requeria um ato dessa magnitude e que preferia ficar na casa, vendo-o pela televisão, rodeada pelos meus pequenos filhos, ainda que nem os mais velhos pudessem ser capazes de imaginar o ocorrido.

A vigília comoveu todo o nosso povo. Jamais tinha visto tanta tristeza refletida em homens e mulheres simples, que em silêncio absoluto acudiram à praça para prestar homenagem merecida ao guerrilheiro lendário e ao irmão que sempre sentiram como mais um de nós.

O regresso ao meu lar ocorreu aproximadamente no mês de novembro, acompanhada da minha pequena prole, barulhenta e inquieta, que impedia que eu me concentrasse em tanta dor acumulada. Era preciso viver e agir. Só em momentos inevitáveis, chegavam ao meu ouvido as estrofes da poesia que tinha me escrito como despedida inacabada:

Minha única no mundo,

Às escondidas extraí da despensa de Hikmet este só verso apaixonado, para lhe deixar a exata dimensão do meu carinho.

Não obstante,
no labirinto mais fundo do caracol taciturno
se unem e repelem os pólos do meu espírito:
tu e TODOS.

Os Todos me exigem a entrega total,
que a minha solitária sombra escureça o caminho!
Mas, sem burlar as normas do amor sublimado,
te guardo escondida no meu alforje de viagem.

(Te levo no meu alforje de viajante insaciável
como o pão nosso de todos os dias.)

Saio para edificar as primaveras de sangue e argamassa
e deixo, no vão da minha ausência,
este beijo sem domicílio conhecido.
Mas não me anunciaram o lugar reservado
no desfile triunfal da vitória
e a vereda que conduz ao meu caminho
está aureolada de sombras agourentas.

Se me destinam ao escuro sólio dos alicerces,
guarda-o no arquivo nebuloso da lembrança;
usa-o em noites de lágrimas e sonhos...

Adeus, minha única,
não tremas ante a fome dos lobos
nem no frio estépico da ausência;
do lado do coração te levo
e juntos seguiremos até que o caminho se desvaneça...

IX

De volta ao lar, apesar de tudo ter se tornado muito difícil para mim, tratei de continuar a minha vida. As imagens agora me chegam confusas, e não porque me empenhe em evocar aqueles instantes como o romance que, em algum momento, lemos e que nos comove pelo seu relato. A triste verdade era que sentia a distância e a ausência do homem que tinha sido o meu primeiro amor e com o qual compartilhara os melhores e mais plenos instantes da minha vida. Achava quase impossível superar tanta dor, mas não me encontrava sozinha e, mais uma vez, me sentia exigida ao sentir o seu clamor: "Ajude-me agora, Aleida, seja forte..."

E continuei vivendo, me ocupando de tudo, dos grandes e dos pequenos detalhes, dos quais fui me rodeando e que foram paulatinamente preenchendo a minha existência. Eu me entreguei aos meus filhos com uma necessidade imperiosa de me refugiar neles. Formávamos um grupo muito singular: eu tinha então 33 anos e vinham depois os meus filhos em seqüência irregular de 7, 5, 4 e 2 anos.

Os mais velhos tinham começado a escola e os menores iam ao Círculo Infantil. As manhãs se iniciavam entre choros, desjejuns apressados, o deslocamento aos seus respectivos lugares e, para mim, o estudo, o que fez com que, em meio ao turbilhão, eu transitasse por um caminho sem solidões, com um lar barulhento e que eu defendia com unhas e dentes, de modo que os meus filhos passaram essa dura provação sem se ressentir demais. Imitando César Vallejo, era verdade que vivia "sem notícias, sem verde", "são dois velhos caminhos brancos, curvos./ Por eles vai meu coração a pé", mas caminhava.

Em 1968, quando me encontrava em Trinidad, cidade situada na antiga província de Las Villas, realizando um trabalho social relacionado com os meus estudos, Fidel inesperadamente mandou me buscar. A notícia me pegou de surpresa, porque nunca imaginei que, em tão breve tempo, pudesse ter nas minhas mãos *O diário de Che na Bolívia*, enviado para Cuba em circunstâncias complexas, vencendo obstáculos, graças à audácia e ao arrojo solidário de alguns amigos.

Pedia-se a minha colaboração para decifrar a sua letra, tão difícil de entender. Eu me entreguei com total dedicação e trabalhei nisso com Vidalina, a secretária de Piñeiro, sob um hermetismo e segredo absoluto. Mais uma vez, sentia o gesto delicado de Fidel para comigo, porque é verdade que a escrita de Che às vezes é quase ilegível, mas também é verdade que havia companheiros que a entendiam sem ter que recorrer a mim. Assim, sempre me perguntei se realmente precisavam da minha ajuda ou se Fidel me chamou porque sentiu a necessidade de que eu fosse uma das primeiras a ler aquele testemunho extraordinário.

A publicação da série de episódios e idéias que Che expõe no seu diário foi um acontecimento que, naquela época, lançou muitas perguntas que só o tempo pôde desvelar. O mundo inteiro se sentiu estremecido com a leitura das suas páginas; rapidamente e à medida que eram conhecidas, elas se tornariam um dos textos mais emblemáticos da história do nosso continente e revelariam a escala universal dos seus protagonistas e a imensa figura de Che.

Cuba teve o honroso privilégio de publicá-lo pela primeira vez em uma tiragem maciça e totalmente gratuita, em junho de 1968, quando ainda não havia transcorrido um ano do seu assassinato. A obra foi adquirida pelo nosso povo em todas as livrarias do país, onde houve filas intermináveis. Na história do livro cubano, não existia uma edição com essas características, pelo tempo recorde em que foi feita e pela quantidade distribuída. Mais uma vez, nós, os cubanos, acompanhávamos Che e, mais uma vez, a sua valentia e o seu arrojo sem limites nos estremeciam.

Minhas sensações, passados os anos, são muito difíceis de explicar, porque, tendo inclusive trabalhado na transcrição do diário, nunca pude lê-lo de novo. Consulto fragmentos, busco dados, detalhes, mas me sentar para relê-lo, não, porque experimento muita dor por não ter estado com ele em momentos de tanta solidão, para confortá-lo. Penso não apenas no guerreiro firme e corajoso que sempre conheci, mas sobretudo nesse ser humano de uma dimensão sem limites que tinha relegado sempre o seu eu para se entregar sem condições ao seu amor pela humanidade e que finalmente foi brutalmente assassinado, sem que os seus carrascos medissem sequer a magnitude da ignomínia.

Enquanto esse amálgama de acontecimentos ocorria, os meus filhos cresciam e eu finalizava os meus estudos universitários. Continuava, além disso, trabalhando em algumas tarefas que me confiavam na FMC.

Depois de graduada, colaborei com o Ministério da Educação na preparação de textos escolares sobre a história da América Latina, junto com uma equipe de pesquisadores da instituição. Pessoalmente confeccionei um *Atlas histórico* do continente. Assim tinha decidido me vincular, ainda que fosse na teoria, ao estudo da região, razão pela qual, anos mais tarde, comecei a trabalhar no Centro de Estudos sobre a América (CEA), até os anos oitenta.

Paralelamente, em 1975, fui nomeada e mais tarde eleita deputada para a Assembléia Nacional do Poder Popular, na qual atuei como presidente da Comissão de Relações Internacionais no primeiro mandato e na qual tive a felicidade e a imensa honra de trabalhar com Raúl Roa, amigo íntimo de Che, que exercia nesse tempo a vice-presidência da assembléia.

Eu recebia rajadas de amor herdadas, embora Roa assegurasse que também eram por mim, e assim quis acreditar sempre. Para mim, era um homem extraordinário, culto, terno, leal, partidário da revolução, de um humor incisivo e repleto de "cubanidade".

Durante o período do meu mandato, como pertencia ao Grupo Interparlamentar, tive o privilégio de acompanhar Roa nessas missões, pois ele presidia o nosso grupo. Muitas vezes pude presenciar os seus pronunciamentos em defesa dos nossos interesses e das nossas posições; eram verdadeiras lições de aprendizagem na difícil arte da política internacional, que me recordavam muito o realizado por Che durante o tempo em que desempenhou tarefas similares. Acho que com Roa aprendemos todos nós que o acompanhávamos e pudemos apreciar o respeito que amigos e inimigos sentiam por ele. Chamávamos Roa de Chanceler da Dignidade, devido aos feitos memoráveis que realizou nos anos em que atuou como ministro de Relações Exteriores.

Depois ocupei outros cargos na Assembléia Nacional até 1991, data em que concluí o meu mandato como deputada. Ademais, realizava simultaneamente o meu trabalho dentro do CEA como pesquisadora, ocupando-me da Argentina como país objeto de estudo e com foco no tema do movimento operário. É possível que ainda insistisse em não perder os laços afetivos que me uniam a essa terra.

Enquanto isso, os meus filhos cresciam, definiam o seu caráter e a sua vocação, moldavam a sua personalidade, conduzidos pela minha mão. Eu tratava, por todos os meios, de que não sentissem a figura nem a ausência do pai como uma carga. Por esse motivo, quando reli "La piedra" passado um tempo, senti que, embora não tenhamos traçado linhas nem modelos para educá-los — só uma ou outra observação ou sugestão da parte dele —, eu concordava plenamente com o que havia expressado:

> Imaginei o meu filho grande e ela grisalha, dizendo para ele, em tom de repreensão: seu pai não teria feito isto, ou aquilo. Senti dentro de mim, eu mesmo filho do meu pai, uma rebeldia tremenda. Eu-filho não saberia se era verdade ou não que eu-pai não teria feito esta ou aquela coisa má, mas me sentiria vexado, traído por essa recordação de eu-pai que me esfregassem a cada instante na cara. Meu filho devia ser um homem; nada mais, melhor ou pior, mas um homem.

Acho que eles se aproximam dessa dimensão, a de homens e mulheres e nada mais. A mais velha, Aleidita, é médica pediatra; os homens, Camilo e Ernesto, são advogados; e a mais nova das mulheres, Celia, veterinária, especializada em golfinhos e lobos-marinhos.

Assim se passaram os anos, uns com mais intensidade que outros. Fui sempre a mesma e, ao mesmo tempo, diferente, marcada por alegrias e cicatrizes, mas incapaz de me petrificar como uma estátua hierática. Por isso, sem me propor nada, um dia decidi refazer a minha vida junto a um companheiro com quem me encontro casada atualmente.

Nunca me faltaram as forças nem o ânimo para continuar agindo. Impregnada desse espírito sonhador que levo dentro de mim e da necessidade de manter vivo e autêntico o legado de Che, depois de uma visita que Fidel fez ao nosso lar, decidi lhe escrever. No nosso encontro, tínhamos conversado temas comuns, e ele também havia me pedido que analisasse a possibilidade de converter a casa em um museu.

Na carta que lhe enviei, refleti sobre a sua proposta e sugeri que, em lugar de criar um museu, a casa deveria abrigar um centro encarregado de estudar a vida e a obra de Che com o rigor científico e histórico que merecia. Ele me mandou uma mensagem de aceitação e a indicação de que começasse o quanto antes a trabalhar nisso.

Sabia da responsabilidade que contraía a partir desse momento e da decisão que imediatamente tinha de tomar: me mudar para outra casa e renunciar à que tinha sido, durante todos esses anos, usando as palavras de Martí, "jugo e estrela".

De novo, fiz e desfiz volumes e recordações, mas desta vez consciente como nunca de que estava chegando a uma meta definitiva, não apenas pelo tempo implacável que podia aprontar comigo o inevitável, mas porque não queria deixar inacabada a obra que considero que Che mereça, pela sua entrega sem limites no intuito de alcançar um mundo melhor.

Este trabalho — que iniciamos como Arquivo Pessoal de Che para organizar os seus papéis inéditos, documentos, fotos, escritos sobre a sua obra, entre outros — deitou as bases para o que hoje consideramos a homenagem mais digna que o povo cubano, incluída a sua família, pode lhe oferecer: o Centro de Estudos Che Guevara. Este lugar, pelo seu desempenho e objetivos, está destinado a ser um local de reflexão, análise e debate, em consonância com o seu legado: o enorme caudal do seu pensamento criador e o exemplo da sua vida e obra.

Com o início das atividades do Centro, acredito preencher uma das minhas maiores aspirações, tanto no plano espiritual quanto no material, porque nós que trabalhamos nele desejamos nos aproximar de todos, em particular das crianças, adolescentes e jovens, com o propósito de que conheçam Che por meio da sua vida, dos seus sonhos, das suas aspirações e essencialmente da sua obra criadora: a construção de uma nova Cuba e a meta de um mundo melhor.

Que melhor forma de se aproximar de Che? Quando se descobre, ao vasculhar nos acervos bibliográficos e fotográficos da sua biblioteca, quanto fez para alcançar o seu aperfeiçoamento humano, quantos escritos tratam de cultura, filosofia, história, medicina; como prestou atenção basicamente à sua projeção social ou às suas pesquisas clínicas sobre a alergia, percebe-se um amplo espectro no qual se podem encontrar respostas para as possibilidades reais de poder ser como ele. A isso aspiramos quando dizemos que o Centro pode preencher todas essas expectativas. Claro que, para mim, constitui o ápice de uma obra sonhada durante todo este tempo.

O Centro realizará o seu trabalho em duas direções fundamentais: o trabalho científico e o acadêmico, por meio dos quais se efetuarão pesquisas sobre a vida e a obra de Che. Serão publicados os resultados que se obtenham e, por outro lado, serão sistematizados os seus escritos e discursos para, finalmente, editar as suas obras completas, como uma das tarefas essenciais de divulgação. Na atualidade, trabalhamos em um projeto editorial no qual se conseguiu uma ordenação temática do seu pensamento, assim como a recuperação da memória histórica de momentos cruciais do seu atuar dentro da revolução.

A outra linha definida se centrará no trabalho comunitário e de extensão cultural, por intermédio da área de Projetos Alternativos, com diferentes modalidades de inserção na comunidade: oficinas de computação, cerâmica e fotografia, salas de projeção, leitura, exposições e conferências.

Somem-se a isso a assessoria a instituições afins, o intercâmbio de documentação, a docência de pré e pós-graduação e a participação em eventos e conferências nacionais e internacionais.

O Centro, no seu interesse por divulgar facetas notáveis da vida de Che, atualmente apresenta uma exposição itinerante, "Che, fotógrafo". Suscitou grande admiração em todos aqueles que a visitam descobrir um ângulo pouco conhecido, sobretudo pela sua extraordinária feitura estética e o seu alto domínio da técnica. Seu gosto pela fotografia, desde que era apenas um adolescente, a converte em uma espécie de cúmplice indispensável e permanente para captar imagens que se misturam com a sua vocação humanista, nas inumeráveis viagens que realizou pela América Latina e outras partes do mundo.

Só bastam alguns exemplos para compreender como nestes anos, compridos e curtos ao mesmo tempo, a sua figura e a sua obra ganharam espaços nem sequer imaginados. Posso afirmar isso com absoluta certeza, porque ele sempre teve em mim a sua admiradora mais fiel e leal, aquela que pôde sentir como ninguém o seu crescimento espiritual e a sua devoção pelas causas mais justas.

Também me deparei com circunstâncias que não imaginei ter de enfrentar. Um dia, no final de 1995, me telefonaram para dar a notícia da possibilidade de encontrar os restos mortais de Che, segredo zelosamente preservado pelos militares bolivianos, como seu troféu de guerra mais valioso.

Repeti então a minha aparente negativa, porque me debatia em um mar de contradições: era como uma espécie de matéria pendente que eu tinha adiado cursar, mas que sabia que cedo ou tarde teria de enfrentar. Mais ou menos assim eram os meus sentimentos. Durante muitos anos, eu me resguardara em critérios defendidos por Che, muito mais elevados que os meus, de que o combatente internacionalista devia permanecer no país escolhido no caso de encontrar a morte.

Tinha total razão, mas, no meu foro íntimo, era isso o que eu queria? Ou era a couraça com a qual me protegia para não ter que me ver em um momento tão doloroso? Não tive opção, porque, tão logo o nosso povo soube da possibilidade de encontrar os seus restos e os dos seus companheiros, todos se mostraram desejosos de que se iniciasse a busca.

Passaram-se quase dois anos de trabalhos árduos nos quais foi preciso afastar e também derrubar barreiras desse exército que o perseguiu com sanha e que finalmente o assassinou.

No entanto, puderam mais a dignidade e o decoro dos nossos povos, o boliviano e o cubano, que, fiéis ao legado de Che, se dedicaram a tornar realidade primeiro a busca e depois o achado dos "predestinados com estrelas na testa".

Na fria manhã de 28 de junho de 1997, aparecia em Valle Grande a cova com os restos de sete dos companheiros mortos, entre eles Che. Se a notícia da sua morte surpreendeu o mundo, o achado da cova que conteve os seus restos por quase trinta anos — faltavam apenas quatro meses para que se completassem — acentuou enormemente o exemplo da sua vida, em momentos nos quais o mundo passava por uma das suas provações mais nefastas: o desaparecimento do socialismo e a implantação de uma política hegemônica neoliberal e unilateral. Era como se Che, mais uma vez, tivesse se levantado a fim de nos convocar para uma nova batalha.

Depois de um laborioso trabalho de identificação, os restos chegaram a Cuba em 12 de julho e foram recebidos por familiares e companheiros. Apesar do forte impacto emocional pelo qual eu passava, a companhia dos meus filhos me dava firmeza suficiente para resistir e enfrentar esse pequeno ossuário, que, da distante Bolívia, chegava para descansar definitivamente na pátria que ele tinha assumido como sua. Era por isso que eu não queria passar? No entanto, pude encontrar força e razão suficientes até o final.

E pude mais. Com mistura de orgulho e dor infinita, escutei a voz da minha filha Aliucha, em nome dos familiares dos mortos, expressar o que todos sentíamos:

Querido comandante,

Há mais de trinta anos, nossos pais se despediram de nós: partiram para continuar os ideais de Bolívar, de Martí, em um continente unido e independente, mas tampouco eles conseguiram ver o triunfo.

Estavam conscientes de que os grandes sonhos só se tornam realidade com imensos sacrifícios. Não voltamos a vê-los.

Nessa época, nós em grande parte éramos pequenos, agora somos homens e mulheres, e vivemos, talvez pela primeira vez, momentos de muita dor, de intensa tristeza. Sabemos como ocorreram os fatos e sofremos por isso.

Hoje nos chegam os seus restos, mas não chegam vencidos, vêm convertidos em heróis, eternamente jovens, valentes, fortes, audazes.

Ninguém pode nos tirar isso, sempre estarão vivos junto aos seus filhos, na sua cidade.

Eles sabiam que, quando decidissem, poderiam regressar à pátria e que o nosso povo os receberia com amor e curaria as suas feridas, e sabiam que o senhor seguiria sendo seu amigo, seu chefe.

Por isso é que lhe pedimos, comandante, que nos dê a honra de receber os seus restos; mais que nossos pais, são filhos deste povo que tão dignamente o senhor representa.

Receba os seus soldados, os seus companheiros que regressam à pátria.

Nós também lhe entregamos as nossas vidas.

Até a vitória sempre

Pátria ou morte

As palavras da mais velha dos meus filhos pressagiavam as demonstrações de respeito e admiração, que só um povo como o cubano soube lhe dar durante os dias em que prestaram tributo a ele. De Havana, na emblemática praça da Revolução José Martí, um mar de povo, em infinita fila e em silêncio absoluto, como na vigília solene de três décadas atrás, recebia o seu herói lendário — mais do que se despedia dele.

O mesmo ocorreu ao longo do trajeto, em todas as províncias pelas quais passou a caravana até Santa Clara, lugar onde travou a sua mais célebre batalha e no qual se ergue uma bela praça como tributo à sua memória.

Desta vez, eu não chegava à minha cidade natal para relembrar a história vivida em comum; na verdade, o adeus me trazia e fiz isso com saudade, em uma espécie de rito que eu sentia que lhe devia. Sei que surpreendi muitas pessoas com a decisão que tinha tomado, e os primeiros surpreendidos foram os meus filhos, que não sabiam de nada do que eu tinha resolvido fazer e até duvidaram de que chegasse ao final.

O motivo da minha resolução era um pequeno lenço de gaze que eu tinha dado para Che como recordação e que ele guardou até o nosso encontro na Tanzânia, onde o devolveu para mim. Em "La piedra", Che, com a ironia que o caracterizava, dá fé do que representava para ele esse lenço:

> O lenço de seda. Isso era diferente; ela me deu o lenço para que, caso me ferissem em um braço, fosse uma tipóia, uma laçada amorosa. A dificuldade estava em usá-lo se me partissem a carapaça. Na realidade, havia uma solução fácil: que o pusesse na minha cabeça para segurar a mandíbula e iria embora com ele para a tumba. Leal até a morte.

Nessas circunstâncias, sentia que era uma dívida e pedi para a minha filha Aliucha, já tarde da noite — quando o povo tinha se retirado —, que pedisse autorização para abrir o ossuário. É desnecessário dizer que eu não tive coragem de fazer isso, foi a minha filha Celia quem o depositou junto aos seus restos, para que o guerreiro descansasse com o seu lenço de gaze: "Leal até a morte..."

A cerimônia de homenagem culminou em 17 de outubro de 1997. Nela, mais uma vez, Fidel, com estóica firmeza — eu, mais que ninguém, sabia do tremendo esforço que fazia nessas circunstâncias para expressar ao nosso povo as suas idéias comedidamente —, soube encontrar as palavras precisas para enaltecer o significado desse singular momento:

> Bem-vindos, companheiros heróicos do destacamento de reforço! O inimigo não poderá jamais conquistar as trincheiras de idéias e de justiça que vocês defenderão junto ao nosso povo! E juntos seguiremos lutando por um mundo melhor!
>
> Até a vitória sempre!

Assim seguimos, os meus quatro filhos — "os pedacinhos" que fizemos — e os meus oito netos em formação. Deles me sinto satisfeita, espero que nunca me decepcionem, que amem o seu avô tal qual foi e que sejam sobretudo solidários e leais com a sua pátria e com a sua revolução.

Da minha parte, tratei de cumprir a tarefa devido à qual não pude acompanhá-lo. Meus filhos, sem que ninguém exigisse, souberam cumprir com tarefas internacionalistas em Angola e na Nicarágua, tornando válidos os preceitos de solidariedade e justiça pelos quais advogava o seu pai.

Eu me sinto satisfeita e, quando o meu ciclo vital se aproximar do fim, gostaria de dizer como disse Che: "recordem-me de vez em quando...".

Este livro foi composto na tipologia Electra LH Regular, em corpo 11/16, e impresso em papel off-set 75g/m² no Sistema Cameron da Divisão Gráfica da Distribuidora Record.